Lieutenant « MARCEAU »

L'Officier éducateur national

« Si l'officier est l'instructeur de ses hommes,
il en est bien plus encore l'éducateur. »

(*Règlement provisoire d'infanterie, t. I, § 6*).

PRÉFACE DE MM.

G. DURUY, professeur d'histoire et de littérature à l'Ecole polytechnique ;
Édouard PETIT, inspecteur général de l'Instruction publique ;
J. BARBERET, directeur de la Mutualité au Ministère de l'Intérieur.

BORDEAUX

IMPRIMERIE NOUVELLE F. PECH & Cie

7 — rue de la Merci — 7

—

1905

L'OFFICIER
ÉDUCATEUR NATIONAL

1

Lieutenant " MARCEAU "

L'OFFICIER
Éducateur National

« Si l'officier est l'instructeur de ses hommes,
» il en est bien plus encore l'éducateur. »
(Règleement provisoire d'infanterie, t. I, § 6).

Adresser les demandes à l'auteur, Maison de la Mutualité, SAINTES (Charente-Inférieure).

Aux Instituteurs, Professeurs, Mutualistes, ces
pages sont dédiées, en témoignage de

L'UNION MORALE

qui doit exister entre les Éducateurs nationaux et
présider à leurs actes dans le développement de

LA CONSCIENCE FRANÇAISE

L⁺ M...

PRÉFACE

Lettre de M. George Duruy

Professeur d'Histoire et de Littérature à Polytechnique

Paris, 7 décembre 1904.

Cher Monsieur,

L'idée que le rôle de l'officier ne peut plus être aujourd'hui *uniquement* militaire comme autrefois, qu'il a un préceptorat moral et intellectuel à exercer sur ses hommes, cette idée — à mes yeux si juste et si féconde — ne pouvait échapper au sort de toute idée nouvelle : certains l'ont accueillie avec mauvaise humeur et défiance ; d'autres s'en sont déclarés les partisans convaincus.

Le livre pour lequel vous m'avez fait l'honneur de me demander quelques lignes d'introduction prouve que vous avez foi en la bienfaisance de cette idée : permettez-moi de vous en féliciter.

Depuis les malheurs immérités qui, en 1870, se sont abattus sur notre héroïque et infortunée armée, la France a travaillé avec une admirable constance au relèvement de sa puissance militaire.

C'est le nombre qui l'avait vaincue ; elle a donc

voulu être en état d'opposer, elle aussi, la force du nombre à ses adversaires éventuels, particulièrement à celui dont la victoire même n'avait pas assouvi la tenace rancune. Et nous disposâmes ainsi d'effectifs à peu près égaux à ceux de l'Allemagne. Mais la natalité étant, chez nous, sensiblement plus faible que chez nos voisins, la concurrence sur ce terrain du nombre devait fatalement nous devenir impossible.

Pour maintenir l'équilibre des forces, il fallait donc chercher et nous assurer une supériorité qui nous fût propre, un avantage compensateur que l'Allemagne ne pût pas nous enlever.

Or, si l'armée allemande est un organisme qui mérite, à beaucoup d'égards, une admiration sans réserve, cet organisme d'apparence si robuste et si saine est miné par un mal intérieur dont chaque jour nous montre plus clairement la gravité.

Il n'y a pas d'union morale entre les divers éléments qui la composent. Un esprit de caste étroit, hautain et dur règne dans le corps, d'ailleurs si vaillant, de ses officiers. Les sous-officiers sont imprégnés des traditions du pur caporalisme prussien, et les actes d'odieuse brutalité commis par eux sur leurs hommes nous sont révélés — quelque soin que l'autorité supérieure allemande mette à les dissimuler — avec une fréquence qui prouve que si le Roi-Sergent est mort depuis longtemps, son esprit, ses méthodes sont toujours en honneur dans l'armée qu'il a marquée à jamais de son empreinte en la créant.

On peut se demander ce que deviendrait une

armée portant en soi un élément de faiblesse, latent, mais certain comme l'est celui-là, le jour où l'épreuve des revers, que l'armée allemande n'a pour ainsi dire pas connue en 1870, lui serait infligée.

Des Français — dont je suis — qui ne sauraient se résigner à voir amoindri le rôle de leur Patrie dans le monde, ont donc pensé qu'au lieu de nous épuiser à la poursuite chimérique de la supériorité, ou même de l'égalité dans le chiffre des effectifs, l'heure était venue de travailler de toutes nos forces à procurer à notre armée un avantage autre et moins décevant que celui du nombre, où nous ne pouvons raisonnablement prétendre.

Cet avantage, nous le posséderons, le jour où à la discipline extérieure fondée sur la crainte, qui règne dans l'armée allemande, sera substituée dans la nôtre la discipline fondée sur la confiance, sur l'estime, sur la gratitude des soldats pour leurs chefs.

Créer l'étroite, l'intime union des cœurs entre celui qui doit obéir et celui qui a droit de commander : telle est la tâche à laquelle le corps de nos officiers doit appliquer la persévérance d'un effort qu'aucune difficulté ne lassera.

Les soldats dont leur chef aura su se faire en temps de paix des amis, montreront dans les épreuves de la guerre une solidité qui permettra, au jour du péril, de leur demander des miracles de dévoûment et de les obtenir.

Si, comme je le crois fermement, l'importance du facteur moral à la guerre, au lieu de diminuer,

X

grandit à mesure que se perfectionne la puissance des engins de destruction, travailler comme
vous le faites à resserrer les liens d'affection mu-
tuelle qui doivent unir fraternellement le soldat
et l'officier, c'est travailler efficacement à donner
à l'âme de notre armée une trempe qui lui per-
mettrait de se mesurer au besoin avec une armée
plus nombreuse — et de la vaincre.

C'est un des nôtres, c'est Desaix, qui a dit cette
parole profonde : « Je battrai l'ennemi tant que
je serai aimé de mes hommes. »

Je souhaite, mon cher lieutenant, que ces mots
soient gravés dans le cœur de tous les chefs de
notre chère armée, comme ils le sont — votre livre
le prouve — dans le vôtre.

George DURUY,

*Professeur d'Histoire et de Littérature
à l'École Polytechnique.*

Lettre de M. Édouard Petit

Inspecteur général de l'Instruction publique

———————

Paris, 22 janvier 1905.

Cher Monsieur,

Vous êtes officier et vous dédiez votre livre aux instituteurs et aux professeurs ; de plus vous demandez à un enseignant quelques lignes de présentation aux lecteurs. C'est souligner assez le caractère nettement éducatif des pages que vous avez rédigées pour les élèves, les anciens élèves des écoles, et aussi pour les soldats illettrés encore si nombreux dans les rangs.

Vous avez tenu à affirmer les liens qui unissent l'Ecole au Régiment, l'éducation post-scolaire à l'éducation militaire et civique dont vous êtes un des fervents adeptes.

Vous vous êtes rendu compte, à l'user, que le cours d'adultes, l'association d'anciens élèves, le patronage, la mutualité de l'adolescence seraient œuvres vaines si leur action était interrompue par le service militaire.

Vous vous appliquez à donner un lendemain véritable à ce que l'on a appelé le « lendemain de l'Ecole ».

Vous profitez de ce que jeunes ouvriers, jeunes paysans, sont groupés autour de vous pour leur apprendre à jeter des regards sur l'organisation économique et sociale, cadre où leur activité devra se mouvoir.

Vous leur enseignez le patriotisme, un patriotisme humain, large, s'étendant à toutes les manifestations de la Cité, soit armée, soit pacifique.

Vous voulez que ces intelligences, que ces énergies confiées à vos soins par la Nation républicaine, lui soient rendues fortifiées, averties, orientées dans le sens de leurs précises et utiles vocations.

Vous les formez par un double et nécessaire apprentissage au métier de la paix, comme au métier de la guerre.

Vous faites tourner la discipline librement consentie pour la préparation à la défense du sol natal, en initiation au travail solidaire pour le bien-être et le progrès.

Nul, en présence du rôle qu'assument chefs et soldats en cette réciproque pénétration des esprits et des cœurs ne saurait nier que toute pensée de « *servitude* » a disparu et que, selon une expression célèbre, seule subsister l'impression de la vraie « *grandeur militaire* ».

Vous avez d'abord agi, vous avez été le professeur de vos « hommes » au sens vrai du mot.

Et maintenant, après de longs mois de sérieuse expérience, vous nous donnez un programme d'études à l'usage de « la troupe ».

Ce qui me frappe dans les discours, plans, conférences que vous avez réunis, c'est leur caractère de netteté et de simplicité.

Vous avez su trouver le langage qu'il convient

de tenir à des disciples qu'il ne faut pas rebuter par une terminologie savante.

Vous les initiez patiemment, doucement, à des connaissances élémentaires ; vos démonstrations sont claires, facilement accessibles, tout illustrées d'exemples probants et vivants.

Educateur volontaire, vous avez instauré les méthodes d'une pédagogie nouvelle à l'usage des adultes.

Votre livre est un guide, un manuel destiné à rendre combien de services aux officiers qui, comme vous, se font spontanément lecteurs, conférenciers, professeurs, et qui ont besoin de conseils, de directions dans leur action vulgarisatrice.

Edouard PETIT,

Inspecteur général de l'Instruction publique.

Lettre de M. Barberet

Directeur de la Mutualité au Ministère de l'Intérieur

Ministère de l'Intérieur   Paris, le 27 janvier 1905.

DIRECTION
DE LA MUTUALITÉ

Mon cher lieutenant,

Vous voulez bien me demander une préface pour votre livre sur le rôle de l'officier éducateur national. Il me semble que c'est une superfétation. Celle de M. George Duruy est écrite avec une maîtrise que j'admire et un esprit que j'approuve.

Dans la première conférence que j'ai eu l'honneur de faire à l'Ecole supérieure de guerre, j'ai, moi aussi, entrevu l'officier sous l'aspect que vous indiquez. J'ai dit notamment que l'instructeur de la Défense nationale doit être en même temps l'instituteur, l'éducateur du citoyen pour lui inculquer les notions de prévoyance et de solidarité qui le garantiront contre les risques de maladie et l'insécurité de la vieillesse.

Je suis très heureux de constater que cette pensée reçoit son application.

En effet, dans les correspondances qui me parviennent d'officiers appartenant à presque tous nos régiments, il m'est très agréable de lire tout l'intérêt inspiré par le principe mutualiste.

Aujourd'hui, avec le service obligatoire, l'Armée

est la Nation. Gardienne de l'ordre en temps de paix par la seule force morale qui lui est dévolue, ses chefs ont le devoir de s'orienter vers les questions d'économie sociale, dont la solution pratique a pour but d'assurer la sécurité des classes laborieuses.

Les officiers ne failliront pas à cette tâche humanitaire.

Parmi bien d'autres, votre exemple en est une preuve. Je vous félicite sincèrement et vous remercie de tout cœur pour votre initiative.

Agréez, mon cher lieutenant, l'assurance de mes sentiments les plus distingués.

Le Directeur de la Mutualité,

J. BARBERET.

AVANT-PROPOS

Préparer la Nation à la guerre;

Concourir à son éducation;

Faire de l'armée une *institution morale*, en même temps que *l'instrument puissant de la défense nationale;*

Réaliser, en un mot, la pensée de A. de Vigny devinant les temps où les armées ne seraient plus que des Nations, unanimes sur leurs formes sociales :

Voilà la mission complexe et délicate qui incombe à l'officier d'une Démocratie.

Le règlement la résume en quelques lignes décisives;

Des circulaires ministérielles en ont formulé les directives;

Des hommes éminents en ont retracé l'historique, l'esprit, la théorie toute vibrante d'éloquence et de foi.

En joignant un volume d'*action*, aux écrits des penseurs, l'auteur a voulu leur montrer que déjà leurs paroles ont été comprises et que le « bon grain » généreusement jeté par eux à tous les vents commence à laisser deviner, dans l'espoir des germes, la splendeur des moissons prochaines.

Pour ses camarades, pour ses jeunes amis élèves des écoles militaires, futurs officiers,. il publie son livre, reproduction pure et simple d'un rapport adressé à la Société nationale de conférences populaires, sur l'organisation de conférences dans sa compagnie.

Puisse cet ouvrage leur épargner les inévitables tâtonnements du début, les recherches longues et absorbantes que nécessite parfois la tâche d'éducateur.

Leur être utile, leur permettre de revendiquer pour eux-mêmes une part prépondérante dans l'éducation de leurs hommes sans qu'ils soient obligés de négliger leur rôle d'instructeurs militaires, bien au contraire en le leur facilitant ;

Leur montrer la nécessité d'un *accord intime* entre tous les éducateurs nationaux (instituteurs, professeurs, mutualistes, officiers) afin de réaliser l'*unité de doctrine* indispensable dans l'ensemble de l'action éducative, pour donner à la masse *une pensée, une conscience nationale*, base de l'*unité morale* du pays :

Telle est son ambition.

Enfin, en prenant le pseudonyme de lieutenant « Marceau » il a voulu évoquer le souvenir de l'officier de la première République et placer sous son égide les idées émises au cours de cette étude, inspirées toutes des sentiments patriotiques, humains et généreux qui caractérisaient le héros d'Altenkirchen, modèle de l'officier et du soldat français modernes.

Septembre 1904.

L'OFFICIER

ÉDUCATEUR NATIONAL.

On ne saurait plus nier désormais l'existence du *Rôle de l'officier dans l'éducation nationale et sociale*.

Dans un article sensationnel de la *Revue des Deux-Mondes*, M. le général Lyautey, alors chef d'escadrons, mettait ce rôle en lumière d'une façon éclatante dès l'année 1891.

En 1900, le Congrès de l'Education à l'Exposition universelle réclamait avec instance, auprès du ministre de la guerre, comme une des mesures les plus urgentes à prendre en présence de l'évolution de la société moderne, la collaboration de l'armée dans l'œuvre de l'Education nationale.

Se rendant à l'évidence des conclusions du Congrès, le ministre de la guerre prescrivait immédiatement le développement, dans les écoles militaires, de plusieurs conférences destinées à faire sentir aux futurs officiers toute l'étendue et toute l'importance de leur rôle d' « éducateurs ».

En outre, et pour que tous les officiers pussent

s'inspirer de la doctrine nouvelle, les conférences en question, exposées à Saint-Cyr par M. le commandant Ebener, étaient imprimées et adressées à tous les corps de troupe (1).

Enfin, le règlement provisoire de l'infanterie de 1902 sanctionnait cette doctrine par la phrase suivante : « Si l'officier est l'instructeur de ses hommes, il en est bien plus encore l'éducateur. »

Dans la plupart des régiments, de nombreux officiers ont répondu à l'appel des pouvoirs publics, et, depuis plusieurs années, ils s'efforcent de remplir de leur mieux, et suivant sa nouvelle acception, leur mission d'éducateurs.

Grâce au généreux concours de Sociétés d'instruction et de vulgarisation diverses, parmi lesquelles il faut citer en première ligne la Société des conférences populaires, leur tâche est facilitée et, presque partout, des salles de réunion ont été organisées pour les soldats.

Des conférences, lectures, etc., y sont faites sur les sujets les plus divers, le tout ayant le but d'instruire et de moraliser le jeune soldat, en le soustrayant à l'ennui de la caserne et aux dangers qui le guettent généralement à sa sortie du quartier.

(1) Ce travail a été écrit avant l'apparition de l'ouvrage de l'éminent professeur de l'École polytechnique, M. George DURUY : *l'Officier éducateur*, conférences faites à cette école.

D'autres ouvrages traitant le même sujet ont été publiés en 1902-1903 : *Citoyen et Soldat* (Lieutenant DEMONGEOT), *l'Officier dans la Nation* (Commandant COSTE), mais ces ouvrages n'ont pas reçu comme les conférences Ebener et Duruy le cachet officiel d'une école militaire d'officiers.

Tout cela réalise un immense progrès sur l'état de choses précédent, progrès dont nous devons nous féliciter ; mais il semble que les efforts tentés jusqu'à présent constituent plutôt un essai dans l'œuvre de haute moralisation que la nation entière réclame de nous : dans ce rôle l'armée paraît encore chercher sa voie (1).

Cependant, dès maintenant, l'essai a permis de constater la nécessité et la possibilité de toute une série d'améliorations dans l'exécution de cette nouvelle et importante mission, améliorations permettant, croyons-nous, de répandre avec plus de fruit la doctrine éducative destinée à donner à la masse *l'esprit national* qui, seul, fait la force d'un pays.

Le règlement, s'il trace une ligne de conduite parfaitement définie à l'instructeur, ne donne aucune directive à l'éducateur.

Il nous laisse donc, à nous, officier de troupe, le soin de faire sortir, suivant nos sentiments personnels, notre cœur de soldat et de citoyen français, les idées nouvelles du domaine spéculatif pour entrer résolument dans la phase de l'action.

D'une façon générale, sauf de rares exceptions, les causeries ou conférences faites aux soldats dans les corps ont été développées par des officiers volontaires parlant à un auditoire composé d'hommes d'unités différentes et exposant des

(1) Une circulaire ministérielle du 13 août 1904 vient de fixer les lignes générales d'un programme d'éducation que peuvent développer les éducateurs militaires.

sujets n'ayant aucune espèce de relation entre eux.

Nous estimons que cette manière de faire, si elle utilise les bonnes volontés pour l'ensemble d'un régiment, manque de l'esprit de suite, de la méthode, sans lesquels une mission aussi importante que celle d'éduquer une nation ne saurait produire les résultats attendus.

Ici, plus encore qu'ailleurs, il faut avoir un programme.

Nous avons constaté tout à l'heure qu'il n'existe pas de programme défini d'éducation nationale ; nous devons donc nous en tracer un (1).

D'autre part, les soldats ne connaissent guère que les officiers sous les ordres immédiats desquels ils sont placés, et la vie en commun, à la caserne, à la manœuvre et peut-être un jour à la guerre, fait de la compagnie la véritable famille militaire.

Par suite, c'est l'officier de compagnie parlant à ses hommes qui est le véritable éducateur et lui seul.

C'est ce principe que nous voyons appliquer depuis bientôt quatre ans dans notre unité ; notre capitaine, en effet, bien avant même le signal de l'évolution des idées, avait fait de sa compagnie

(1) La circulaire ministérielle du 13 août 1904, en donnant les lignes générales d'un programme d'éducation, a soin de faire remarquer que ce programme n'a rien d'absolu ni de limitatif, chacun devant toujours s'inspirer des circonstances et des ressources en éléments éducateurs pour élaborer et développer un programme approprié au contingent auquel il est destiné.

un centre d'éducation aussi complet que le permettaient alors les règlements et les usages.

A son exemple, par ses conseils, par l'étude approfondie de la question telle qu'elle est actuellement présentée, par les résultats constatés et les nombreuses observations faites, nous nous sommes formé une opinion personnelle sur la matière.

L'étude ci-après a pour objet l'exposé succinct de l'idée que nous nous sommes faite de notre rôle dans l'éducation de la Nation, et de la façon suivant laquelle, après expérience, nous croyons qu'il peut être traduit auprès des jeunes soldats que la Patrie nous confie annuellement.

Elle comprendra les parties suivantes :

I. — *Idéal auquel doit tendre l'officier éducateur national. Programme d'éducation. Conséquence de cet idéal.*

II. — *Développement pratique du programme ainsi déterminé.*

III. — *Conclusions.*

IDÉAL AUQUEL DOIT TENDRE L'OFFICIER

ÉDUCATEUR NATIONAL

On dit communément que le passage des jeunes gens sous les drapeaux a pour objet d'en faire des « hommes ».

Par là, on entend que le service militaire doit parfaire l'éducation générale de l'individu.

Que comprend donc cette éducation générale à laquelle le régiment doit concourir en dernier lieu ?

Dans notre état de civilisation. l'HUMANITÉ, la SOCIÉTÉ, l'ARMÉE sont intimement liées, car elles ont une base commune : l'ÊTRE HUMAIN, appelé, par suite, à jouer un triple rôle dans l'existence et l'avenir de la race, de la nation et du pays.

Le Français représente ainsi, au point de vue national et social, trois personnes morales bien distinctes :

a) Il y a chez lui, tout d'abord, UN INDIVIDU pris isolément ou dans ses rapports avec la société;

b) Il y a ensuite UN CITOYEN ayant sa part de souveraineté et, partant, de responsabilité nationale ;

c) Il y a, enfin, UN SOLDAT (en activité ou dans ses foyers), défenseur du patrimoine commun.

Assurément, de ces trois personnes morales, individu, citoyen, soldat, la dernière, le soldat, est celle que nous, officier, avons la mission de développer au premier chef : c'est notre raison d'être.

C'est donc l'éducation militaire qui doit constituer le fond de notre doctrine éducative puisque nous avons à la faire en entier.

Quant à la valeur morale de l'individu et du citoyen, nous la trouverons généralement cultivée, parfois même entièrement développée chez les jeunes gens du contingent annuel, soit par la famille, soit par l'école ; nous n'aurons alors qu'à soigner « la bonne graine » déjà répandue.

Mais la loi militaire amène sous les drapeaux toutes les classes de la société ; aussi, il nous arrivera de recevoir quelques déshérités, dont les esprits, par suite de circonstances diverses, des nécessités de l'existence notamment, n'ont pas reçu l'empreinte salutaire des éducateurs de l'enfance, et sont même le plus souvent faussés par les doctrines erronées qui pénètrent si facilement dans les milieux peu éclairés.

C'est alors que devra se manifester dans toute sa force notre action éducatrice, dans le but de ramener dans le droit chemin ou le domaine des saines idées, les individus de cette catégorie encore susceptibles d'amendement.

Le régiment n'est-il pas à la fois une famille et une école ?

a) *Faire un soldat ;*
b) *Elever le moral de l'individu ;*
c) *Donner au citoyen conscience de ses droits et plus encore de ses devoirs ;*

tel nous semble être le triple but à atteindre par l'officier éducateur national (1).

Faire un soldat

On ne se soumet complètement à une obligation et on n'emploie tout son savoir, toute son intelligence à la bien remplir que si l'on est persuadé de son importance et de sa nécessité.

Convaincre le jeune soldat de la nécessité du service militaire, telle est, croyons-nous, la base essentielle de la doctrine éducative militaire.

Ce premier principe posé, le soldat doit connaître le rôle de l'armée, tel que la civilisation actuelle le fait désormais concevoir.

Autrefois, l'armée était « un instrument de gloire et de conquête » nécessaire à l'ambition, à l'existence politique même du souverain ou du gouvernement de l'époque ; aujourd'hui, elle constitue essentiellement un « instrument de défense nationale ».

De cette conception nouvelle du rôle de l'armée,

---

(1) L'éducation du soldat devrait logiquement faire partie du programme d'éducation du citoyen, car le service militaire n'est qu'une étape, une des péripéties de sa carrière civique.

Malgré la corrélation inéluctable entre ces deux personnes morales : Citoyen — Soldat, nous avons cru devoir dégager nettement et séparer en un chapitre spécial l'éducation du soldat, qui constitue la mission essentielle de l'officier éducateur national.

On ne s'étonnera donc pas que nous ayons aussi placé ce chapitre en tête de notre programme d'éducation.

découle alors tout naturellement le sentiment qui doit uniquement l'animer :

LE PATRIOTISME

qui fait accepter tous les sacrifices de la vie militaire du temps de paix, et surtout, même en dehors de l'armée, les dures épreuves du temps de guerre.

Mais le patriotisme n'est pas un apanage exclusif du soldat ; ce sentiment doit animer la nation tout entière ; il fait, par suite, à la fois partie du programme d'éducation du soldat et de celui du citoyen (1).

Où trouver des exemples susceptibles de convaincre les jeunes soldats de la nécessité du service militaire, plus probants que ceux fournis par l'histoire ?

Les malheurs de la France en 1870, conséquences de notre insouciance ; l'anéantissement récent du vaillant peuple boer, sont là pour démontrer à la jeunesse que le patriotisme seul ne suffit pas pour défendre le sol natal.

Fixé désormais sur l'importance de son rôle et sur le sentiment patriotique qui doit l'animer, le jeune soldat saisira de lui-même la valeur des mots :

HONNEUR-PATRIE

inscrits sur le drapeau et qui en font « l'emblème sacré ».

(1) La nécessité d'une armée nationale animée par le patriotisme doit être démontrée aux jeunes Français, dès l'enfance, par la famille et par l'école.

C'est encore l'histoire, histoire des guerres du siècle dernier, histoire du régiment, etc., qui permettra à l'éducateur de développer dans le cœur du conscrit, par l'exemple des hauts faits nombreux de nos pères, les grandes vertus militaires :

La discipline,

La fidélité au drapeau,

L'abnégation,

Le dévoûment,

L'esprit de sacrifice,

Le mépris du danger et de la mort,

Le courage, la générosité, etc.

Il ne s'agira plus alors que de mettre en valeur ce fonds de vertus militaires en formant le COMBATTANT.

Chez nous, fantassins, le combattant doit être un tireur du champ de bataille capable d'utiliser avantageusement son arme et ses forces physiques.

Mais la valeur du fantassin ne réside pas exclusivement dans son fusil et dans ses jambes ; son moral joue aussi un rôle important, prépondérant même, car, sans lui, le soldat ne saurait exploiter judicieusement les moyens d'action dont il dispose :

Le feu,

Et le mouvement en avant

Chacun sait, en effet, qu'une troupe déprimée tire mal, utilise mal le terrain, n'obéit plus au chef, est à la merci de l'adversaire.

Les procédés d'instruction offrent eux-mêmes de puissants moyens de dressage moral du combattant :

C'est ainsi que l'instruction du tireur bien conduite devra donner au fantassin confiance dans son arme et dans son adresse au tir;

Que l'art d'utiliser les obstacles et couverts du sol pour se masquer, cheminer à l'abri et appuyer son fusil, lui donnera confiance dans le terrain;

Enfin, que l'éducation physique et l'entraînement à la marche feront de lui un être confiant dans ses forces et ses moyens personnels.

Mais le combattant isolé ne peut rien; il n'agira jamais seul. Du reste, lorsqu'il se trouvera momentanément livré à lui-même, éclaireur, sentinelle, il dépendra d'un groupe ayant une mission à remplir et à laquelle doivent concourir toutes les intelligences.

Le sentiment de solidarité, de convergence des efforts, devra donc être soigneusement développé.

Enfin, l'esprit d'offensive, d'audace, qui, de lui-même, impose déjà à l'ennemi, sera l'objet de soins constants.

Le soldat doit être convaincu que celui-là réussit le mieux, qui attaque le premier, montre le plus d'audace, car par son attitude même, il tue le moral de son ennemi ; et si le fusil d'un homme attaqué tremble dans ses mains, il n'est plus guère dangereux. Cet homme appréhende le choc, le coup de baïonnette, souvent ne l'attend pas et fuit.

Au contraire, la valeur morale de l'assaillant est décuplée.

Ici, encore, l'éducateur se confondra avec l'instructeur.

Le groupe de fantassins, agissant en campagne en donnant à ces grands principes de solidarité, de convergence des efforts, d'offensive, une application féconde à la portée des soldats, est la *patrouille d'infanterie.*

Les patrouilleurs, en effet, marchent le plus souvent éloignés les uns des autres, tout en ayant une mission commune.

Ils se tiennent tous prêts à prendre, s'il y a lieu, la direction de l'opération, ils ont ainsi à faire acte de réflexion, d'initiative, preuve de sang-froid, d'audace et de prudence, de ruse et parfois de force, *mais toujours de solidarité.*

C'est donc la partie de l'instruction militaire qui nous semble la plus apte à développer les qualités morales du combattant.

L'infanterie n'est pas seule sur le terrain de la lutte;

Elle est secondée par la cavalerie qui la renseigne, et l'artillerie qui lui ouvre la voie et prépare ses assauts.

Le plus petit des fantassins doit avoir une idée de l'aide qu'il reçoit, dans l'accomplissement de sa rude mission, de la part de ses camarades du champ de bataille, cavaliers et artilleurs, et réciproquement, de l'appui qu'il leur assure avec son fusil et sa baïonnette.

Quelques notions sur les autres armes, sur la physionomie générale de la grande bataille, feront ressortir dans son esprit la nécessité de la solidarité et de la camaraderie entre les soldats et les chefs des armes différentes comme elles doivent exister entre les soldats d'une même troupe.

Pour terminer l'éducation du soldat il ne restera plus alors qu'à lui donner « confiance en son chef ».

Ce sera l'affaire du chef lui-même par l'affirmation qu'il fera de sa personnalité, de son caractère, par l'ascendant qu'il prendra en raison de son savoir, de son expérience, par ses actes journaliers de bonté, de justice, et aussi de fermeté.

Convaincu de la nécessité et de la noblesse de sa mission ;

Animé du patriotisme le plus ardent;

Confiant en lui-même et dans son arme et mû par la doctrine féconde de la solidarité et de l'offensive, notre combattant possédera, sur le champ de bataille, le calme et le sang-froid qui caractérisent l'éducation morale parfaite.

Enfin, confiant dans le chef qui le guide, il se sentira bien commandé et croira d'avance au succès.

Tout naturellement, sans aucun effort, il observera les principes de la discipline du champ de bataille, parce qu'il sera certain que ses efforts ne seront pas inutiles.

Tel est, croyons-nous, l'idéal à réaliser en matière d'éducation militaire ; dès lors le programme se trace de lui-même :

Le service militaire, sa nécessité ;
L'armée : son rôle principal (défense nationale); son rôle moral (école morale de la nation) ;
Idée de Patrie : le patriotisme ;
Les grandes vertus militaires;
. La valeur morale du combattant;
La solidarité et la camaraderie du champ de bataille.

Élever le moral de l'individu

Par la pensée et la raison, l'homme s'élève bien au dessus des autres êtres animés.

Dans les temps primitifs, il vivait misérablement et grossièrement ; mais peu à peu, grâce au progrès social et moral, l'humanité est sortie de la sauvagerie en faisant disparaître toutes les horreurs des anciens temps : massacres, violences, oppression, esclavage, et en développant progressivement les sciences, l'industrie, toutes les merveilles de la civilisation.

L'homme est donc capable d'un progrès sans fin, et ne doit pas exister comme un animal qui naît, vit et meurt sans avoir progressé ni physiquement, ni moralement.

Chaque être humain a donc un rôle à remplir pour le bien de l'humanité tout entière et personne n'a moralement le droit de s'y soustraire.

L'existence du rôle de chacun dans l'améliora-tion des conditions sociales : voilà l'axiome base de l'éducation morale et sociale de l'individu.

Mais, dira-t-on, comment l'individu le plus obscur de la société peut-il concourir au bien général ?

La réponse est facile : l'individu est la source même de l'humanité. Il doit s'amender physique-ment et moralement pour donner à la société des descendants sains, à l'esprit cultivé, capables, eux aussi, de progrès moral et social.

Tout être humain doit donc constituer, même à son insu, un véritable apôtre, appelé à répan-dre une doctrine morale et sociale qu'il applique à lui-même pour l'exemple de tous.

« *Depuis l'homme le plus élevé en dignité, jus-qu'au plus obscur, a dit Confucius, devoir égal pour tous :* CORRIGER ET AMÉLIORER SA PER-SONNE. »

Pour pouvoir concourir efficacement au pro-grès général, et aussi s'occuper avantageusement de ses propres affaires, l'individu doit, avant tout, être *bien portant et vigoureux ;* il doit aussi être suffisamment *instruit* pour ne pas être à la merci des autres.

Pour bien se porter la condition primordiale réside dans l'observation des principes de l'hy-giène et dans la pratique d'exercices physiques.

L'éducateur devra donc développer, chez les jeunes gens, les principes d'hygiène basés sur la connaissance des fonctions des principaux organes du corps humain (1).

Il les mettra surtout en garde contre les trois grands fléaux actuels de l'humanité :

La tuberculose,

L'alcoolisme,

Les maladies vénériennes (2).

Il devra enfin, ainsi que le recommande, du reste, le nouveau règlement, de gymnastique, encourager le goût des exercices physiques et du sport, surtout de la marche, car avec les moyens de transport actuels l'homme marche de moins en moins (3).

En ce qui concerne *l'instruction*, il est un minimum de connaissances que le plus humble doit posséder :

Savoir lire un livre,

Ecrire une lettre,

Faire un petit compte.

La loi rendant l'instruction obligatoire n'a pas

---

(1) On se fait difficilement une idée de l'ignorance dans laquelle vivent encore la plupart des habitants des campagnes au point de vue de la composition et du fonctionnement de l'organisme humain, et par conséquent des principes de l'hygiène.

(2) L'éducateur pourra traiter ici les principes de l'hygiène sociale.

(3) La multiplicité des moyens de locomotion (chemins de fer, tramways, bicyclettes, automobiles, etc.) constitue un gros danger pour l'aptitude à la marche des armées de campagne qui seront composées pour les quatre cinquièmes de réservistes libérés depuis plusieurs années et non entraînés. On ne marche plus; il y aurait un intérêt militaire de premier ordre à encourager la formation de Sociétés d'entraînement à la marche au même titre que les Sociétés de gymnastique et de tir.

encore produit tous ses effets. Pour des raisons diverses que nous n'avons pas à discuter ici, le contingent annuel amène encore au service une moyenne de 15 à 20 pour cent d'illettrés (1).

L'éducateur doit veiller à ce que ces déshérités apprennent à lire et à écrire ; il doit enfin encourager le goût de l'étude chez les autres soldats.

Voilà pour le corps et pour l'esprit ; il s'agit maintenant de *former le cœur* de l'homme.

La vie est souvent semée de difficultés, l'individu doit être armé contre les épreuves de l'existence. Il ne doit pas se laisser abattre en présence du malheur ou de situations désespérées.

Il doit, au contraire, montrer du courage, de l'esprit d'initiative, du caractère pour surmonter le danger.

Il doit, en outre, être persuadé qu'on ne réussit dans une entreprise que si l'on montre de la volonté, de l'esprit de suite, de la persévérance, enfin et surtout de l'ordre.

L'homme n'est pas toujours jeune et vigoureux, il peut aussi connaître des mauvais jours, contracter une maladie grave. Il lui faut donc songer à ces heures de vieillesse, d'adversité, et pour cela être prévoyant, économe, dans les jours heureux.

Enfin, quelle que soit son origine, l'individu naît avec des passions, des vices, qui le rappro-

(1) Cas particulier : région en retard au point de vue scolaire.

chent de l'animal, de la brute, et qui le pousse-
raient au mal s'il n'était mis en garde contre eux :

Le mensonge,

L'intempérance,

La colère,

La haine,

L'envie,

L'avarice,

Et surtout l'immoralité,

avilissent l'être humain, qu'ils feraient retourner
à la sauvagerie s'ils n'étaient combattus par
l'homme lui-même afin de conserver sa dignité
d'être conscient.

L'individu est issu d'une famille ; il doit en
fonder une à son tour ; c'est sa plus belle mission
dans l'humanité, c'est aussi sa plus grande responsabilité.

De cette situation découle pour lui une série
d'obligations matérielles et morales, qui, bien
que paraissant naturelles, n'en demandent pas
moins à être exposées méthodiquement auprès de
la jeunesse actuelle.

La famille est, en effet, en raccourci, l'école du
régiment, de la société, car là existent le principe
d'autorité et de puissance de la part du chef de
famille et celui de soumission et d'obéissance de
la part de l'enfant, que l'on retrouve établis sur
une plus grande échelle à la caserne et dans la
société.

L'homme qui va fonder une famille doit donc
connaître ses droits et surtout ses devoirs

d'époux et de père ; et, afin de pouvoir enseigner fructueusement à ses enfants leurs obligations filiales, il doit les observer scrupuleusement lui-même à l'égard de ses ascendants.

Mais l'action individuelle dans le développement du progrès moral et social ne se borne pas à l'amendement personnel.

L'homme ne vit pas seul, il a des rapports constants avec ses semblables, il a besoin d'eux comme les autres ont besoin de lui. Il doit se tenir prêt à leur fournir le concours qu'ils peuvent lui réclamer, comme il doit être certain de le trouver auprès d'eux lorsqu'il en aura besoin.

« *Ne faites pas aux autres ce que vous ne vou-driez pas qu'on vous fît ; faites constamment aux autres le bien que vous voudriez en recevoir.* » (Déclaration de 1795.)

« *C'est un devoir de travailler de tout notre pouvoir à réaliser le souverain bien.* » (Kant.)

Voilà les deux grandes maximes qui doivent guider chaque individu dans ses actes journaliers et ses rapports avec ses semblables.

Tous les hommes doivent donc, pour ainsi dire, mettre en commun leurs efforts et leurs facultés individuelles pour le bien-être général :

Ils sont solidaires les uns des autres.

La solidarité humaine repose sur la JUSTICE et la FRATERNITÉ.

Les devoirs de justice commandent de ne porter aucune atteinte ni à la vie, ni à la propriété, ni à la réputation, ni à la croyance d'autrui;

Les devoirs de fraternité ordonnent d'être charitable, bon, poli, indulgent et tolérant.

L'individu est ainsi armé pour vivre honnêtement ; il doit aussi vivre utilement.

Chacun embrasse la carrière dans laquelle il a été engagé par sa famille ou pour laquelle il se sent une vocation.

Mais dans aucune situation on ne réussit sans travail.

« Tu mangeras ton pain à la sueur de ton front. »

« Le travail est un trésor. » (La Fontaine.)

Les uns travaillent intellectuellement, les autres physiquement.

Le travail est la loi du progrès de l'humanité.

« Ce n'est pas seulement l'effort éclatant de quelques hommes qui fait avancer l'humanité ; ce sont les labeurs obstinés et persévérants des milliers d'êtres obscurs, d'humbles travailleurs qui conquièrent le progrès. » (Primaire, Education civique.)

Du reste, « l'oisiveté est la mère de tous les vices ». Celui qui emploie bien sa journée n'a ni le temps ni le goût de penser au mal.

Le paresseux profite des travaux des autres, mais ne fait rien pour eux :

« La paresse est un acte d'ingratitude. »

Le travail a donc des avantages matériels et moraux que l'éducateur doit mettre en relief.

Tous les jeunes gens, à leur arrivée à la caserne, ont une profession, un métier, qu'ils exerçaient avant leur incorporation et qu'ils reprendront vraisemblablement à leur libération.

Le passage sous les drapeaux est une solution de continuité dans le développement de leur carrière et une perte pour eux et pour la société.

L'éducateur doit s'efforcer de leur rendre le service militaire le moins préjudiciable possible.

Qui plus est, lorsque cela se peut il devra chercher à augmenter leurs connaissances professionnelles.

Assurément, on ne saurait faire de la caserne une école « d'arts et métiers » ; mais au moyen de causeries appropriées à la profession de la majorité du recrutement l'éducateur pourra mettre en lumière des questions nouvelles intéressant cette profession, et pousser ainsi la routine vers le progrès scientifique.

A un recrutement de cultivateurs, il parlera agriculture, mettant surtout en relief les bienfaits de l'emploi raisonné de l'engrais chimique à l'égard duquel sont encore si réfractaires ou ignorants la plupart de nos paysans ;

A un milieu de vignerons, il développera les progrès récents réalisés dans la lutte contre les maladies qui dévastent encore, chaque année, la majorité de nos vignobles ;

Enfin à l'égard d'un recrutement ouvrier, il profitera de l'existence dans la garnison ou son voisinage d'usines, de fabriques, pour les visiter et développer sur place les grandes questions soulevées par l'emploi des machines, par la division du travail, etc.

Ces visites d'ateliers, d'usines, procureront à tous, du reste, l'occasion de s'instruire par des leçons de choses données sur les lieux.

Enfin, l'éducateur inculquera à tous, ouvriers des champs et ouvriers des villes, quelques notions d'économie sociale, de cette science morale qui « a l'homme pour objet et pour fin, l'homme tout entier, corps, esprit, moralité. L'œuvre économique fait appel à toutes ses facultés physiques et morales, force et adresse, intelligence et habileté, courage, patience et probité ». (Nicot, *Economie politique.*)

Nous sommes, en effet, arrivés à une époque où la vulgarisation et la propagation des principes de la science économique s'imposent parmi les classes qui travaillent.

En présence des redoutables problèmes qui agitent les esprits et menacent de troubler l'harmonie sociale, il est urgent de montrer à tous l'intime union qui doit exister entre le capital et le travail, ces deux grands producteurs de la richesse, d'orienter vers une solution pratique et pacifique les revendications passionnées suscitées par la répartition des richesses entre le capital et le travail, « revendications qui mettent en cause notre état social et tendent à obscurcir les idées modernes sur la liberté du travail, le concours indispensable du capital, et jusqu'au principe de la propriété ». (Nicot, *Economie politique.*)

Enfin, la diffusion dans les milieux travailleurs des principes bienfaiteurs de l'association et de l'exercice du droit de grève tant qu'ils ne sortent pas du domaine économique ;

De la mutualité sous toutes ses formes ; en un mot de toutes les questions intéressant l'amélioration du sort de l'ouvrier, en respectant toujours les lois économiques,

Aura pour résultat les avantages sociaux résumés par ces grandes idées :

Travail,

Ordre,

Prévoyance et économie,

Solidarité et sympathie.

Devoirs de l'homme envers lui-même ;

Devoirs de famille ;

Devoirs sociaux.

Telles sont les grandes lignes du programme d'éducation morale et sociale qui fera de l'individu « l'esprit sain dans un corps sain » prêt à apporter sa petite pierre à l'édifice commun du bien-être social ; « le bon fils, bon père, bon époux et bon ami », prêt à devenir le bon citoyen.

Donner au Citoyen conscience de ses droits et plus encore de ses devoirs

Lorsque l'homme naît, il trouve un ordre de choses établi, conséquence de l'évolution humaine et surtout conséquence des aspirations de la race à laquelle il appartient.

Il grandit sur une terre, dans un milieu plein de souvenirs, d'usages, de règles, qui constituent l'apanage commun et qui, malgré l'extension des relations économiques, sont encore tout différents de ceux des pays voisins.

Les mœurs allemandes ne ressemblent pas aux mœurs françaises ou anglaises, et nous sommes encore terriblement éloignés des temps où, suivant certains utopistes, les frontières étant supprimées, les Etats-Unis d'Europe constitués, le Français verra les choses comme un Anglais, un Allemand ou un Russe, et réciproquement (1).

Il y aura peut-être des sympathies, des intérêts communs qui rapprocheront les nations ; mais, pour le moment, chaque peuple a sa langue et ses caractéristiques propres qui le différencient nettement des voisins ; chaque race poursuit un idéal et aucune ne supporterait la loi de sa voisine.

L'histoire du siècle dernier est là, gravée dans le souvenir de nos pères qui ont assisté à la lutte des peuples pour l'existence et l'indépendance.

(1) Voir l'*Idéal américain* (ROOSEVELT), pages 21, 22 et 57.

Les Espagnols, les Russes, les Allemands, nous ont chassés de chez eux où nous voulions dicter la loi.

La Grèce s'est affranchie du joug ottoman.

L'unité allemande et l'unité italienne ont couronné les efforts de deux grandes nations (1).

La Turquie a été démembrée, et de ses ruines sont sorties trois nations nouvelles : la Roumanie, la Serbie, le Monténégro. La Bulgarie ne tient plus à elle que par un lien nominal.

L'Autriche-Hongrie est prête à se disloquer pour les mêmes raisons.

Démontrer au jeune Français, citoyen de demain, ce qu'on appelle le *principe des nationalités* (principe essentiellement français parce qu'issu de la Révolution) : voilà, croyons-nous, la partie fondamentale de son éducation civique.

Ce premier principe posé, l'éducateur sera tout naturellement conduit à exposer les devoirs des nations entre elles, comme ils existent entre les individus (relations diplomatiques, commerciales, arbitrage, etc.).

Tout naturellement, de même, il racontera la formation de la nation française et les péripéties

(1) Le Pangermanisme, dont le but est de rallier à l'Allemagne les populations autrichiennes de langue allemande, semble être le dernier effort de la race germanique pour constituer définitivement la nation allemande sous la forme d'un puissant empire.

La réalisation de cet idéal qui favorise l'ambition de l'Empereur Guillaume II peut être, dans un avenir rapproché, très grosse de conséquences politiques, la cause même d'une conflagration européenne.

successives de son évolution qui ont fait la France actuelle.

Sur cette idée, viendra, en outre, se greffer le sentiment patriotique dont il a déjà été question à propos de l'éducation militaire et d'où découlera pour tous, le devoir humain dans le domaine national (1).

Enfin, l'organisation politique et administrative du pays montrera au jeune Français l'ordre de choses établi, devant lequel il se trouvera lorsque, rentré chez lui, il aura à faire acte de citoyen.

Mais pour cela faire, il faut connaître les règles qui régissent la conduite du citoyen ; il faut surtout en comprendre toute l'importance.

La Révolution a solennellement « proclamé les droits de l'homme et du citoyen » qui sont aujourd'hui la base de notre édifice social et politique.

Tous les Français doivent les avoir gravés dans le cœur, car non seulement ils établissent les droits mais aussi les devoirs de chacun (2).

Le principe de la souveraineté nationale par le suffrage universel ;

L'autorité de la loi, le respect qui lui est dû ;

Les droits politiques, civils et les devoirs cor-

---

(1) Voir l'*Idéal américain* (Roosevelt), page 22.

(2) Dans les Ecoles publiques est affichée la « Déclaration des droits de l'homme et du citoyen »; pourquoi n'en serait-il pas de même à la caserne qui est la véritable école de vertus civiques ? Du reste, n'est-ce pas cette même « Déclaration » qui pose le principe du service militaire obligatoire et personnel et qui est ainsi la base de notre édifice militaire ?

respondants devront être mis en évidence et commentés auprès du futur citoyen.

> *Le principe des nationalités, devoirs des nations entre elles ;*
> *La nation française, la Patrie, le patriotisme ;*
> *L'organisation politique et administrative du pays ;*
> *La loi, le pouvoir législatif, exécutif, judiciaire ;*
> *La souveraineté nationale, le vote ;*
> *Les droits de l'homme et du citoyen ;*

telles sont les grandes lignes du programme d'éducation civique qui fera comprendre au jeune citoyen son rôle dans l'ensemble de la nation, et fera de lui, au lieu d'un rouage inerte attendant l'impulsion d'autrui, le ressort, forgé par le suffrage universel et trempé par l'éducateur, donnant le mouvement à l'ensemble du mécanisme national.

En voyant l'éducateur militaire aborder « l'éducation civique », on lui reprochera sans doute de faire de la politique ou bien on craindra de le voir peu à peu entraîné à en faire.

Cette observation sera évidemment justifiée si l'éducateur ne sait pas, ou plutôt ne veut pas rester dans son rôle véritable qui consiste à exposer purement et simplement l'ordre de choses légal, sans jamais le critiquer ni le discuter, cet éducateur restant toujours, et en toutes circonstances, le serviteur loyal et fidèle du pays et de son gouvernement.

Malgré cette objection nous persistons à être convaincu que l'éducation civique constitue une des parties fondàmentales du programme d'éducation nationale et que l'officier doit l'envisager comme l'éducation morale et sociale.

Du reste, l'éducation militaire n'est elle-même qu'une branche de l'éducation civique, puisque le service militaire est un devoir civique (Déclaration des droits de l'homme et du citoyen), et, suivant Channing, le Fénelon américain : « la forme républicaine est un puissant moyen d'éducation » (1).

Cette opinion, généralement répandue, bien à tort, selon nous, que l'éducation civique est un

---

(1) « On dit que l'éducation du peuple est nécessaire au maintien d'une République, mais il est également vrai qu'une République est un puissant moyen d'éducation. C'est l'université du Peuple. Dans un Etat libre une responsabilité cons'dérable pèse sur chaque citoyen. Il y a de grands sujets à discuter, de grands intérêts à débattre. Le citoyen est appelé à adopter des mesures qui affectent le bien-être de millions d'hommes et les destinées de la postérité. Il doit considérer non seulement les rapports intérieurs du pays qui l'a vu naître, mais aussi les rapports des Etats étrangers. Il lui faut juger d'une politique qui touche le monde civilisé; il est appelé par sa participation à la souveraineté nationale à entretenir l'esprit public et l'amour du bien général.

» Celui qui essaie de remplir fidèlement ces obligations se donne une excellente éducation. Les grandes questions qui, autour de lui, partagent l'opinion, provoquent de sérieuses discussions, fortifient nécessairement son intelligence et l'acoutument à regarder plus loin que son propre intérêt. Il acquiert une vigueur, une force, une largeur d'esprit inconnues sous un gouvernement despotique. »

(Œuvres sociales de CHANNING. *Education personnelle*. Traduction LABOULAYE, 1869, pages 54 et 55.)

terrain politique sur lequel l'officier ne doit pas pénétrer, est une des causes principales de l'hésitation qui arrête encore de nombreux officiers, en présence de la voie nouvelle dans laquelle la nation entière désire les voir entrer.

PROGRAMME D'ÉDUCATION

Conséquence des idées précédentes

Le programme général de l'officier éducateur national comporte donc les matières suivantes :

Education militaire ;

Education morale, civique et sociale ;

Hygiène ;

Histoire (de la Révolution à nos jours) ;

Economie politique ;

Education professionnelle (1).

En outre, il sera bon, croyons-nous, de montrer l'influence de l'expansion coloniale actuelle sur la prospérité nationale. En insistant sur les avantages pécuniaires que trouveraient dans nos possessions les intelligences et les énergies sans em-

_____

(1) Le recrutement du corps auquel nous appartenons étant essentiellement composé de cultivateurs et de vignerons, l'Education professionnelle comprendra, pour nous, des causeries sur l'agriculture et la viticulture.

2···

ploi ou végétant en France, l'éducateur encouragera leur exode vers nos colonies.

Enfin, comme l'on n'apprécie bien sa propre situation qu'en la comparant à celle du voisin, il sera intéressant d'ajouter au programme un aperçu général sur nos rivaux militaires et économiques et sur la situation politique des autres nations.

Notre principal adversaire militaire étant l'Allemagne, nous donnerons donc à nos jeunes gens une idée de l'armée allemande.

Une promenade à travers les principaux Etats du monde entier leur permettra de se faire une opinion sur les diverses formes de gouvernement et sur l'idéal politique poursuivi par chacun d'eux.

Nous avons vu que le choix d'un programme d'éducation nationale est laissé jusqu'ici à l'officier qui l'interprète suivant ses sentiments personnels.

A ce sujet nous croyons que l'ensemble de ce programme doit revêtir le caractère suivant :

Le moteur unique de l'armée nationale étant le patriotisme, il doit être avant tout *patriotique ;*

Il doit aussi *respecter les croyances religieuses* de tous ;

Enfin, il doit être le *reflet des lois et institutions légales du pays.*

Nous estimons, en effet, que si chacun de nous a le droit d'avoir une opinion politique et religieuse personnelle, opinion sacrée pour tous, il doit, lorsqu'il remplit une fonction nationale, rester dans la neutralité qui convient à l'application du grand principe de la liberté de conscience et ne répandre chez les enfants, à lui confiés par le pays, que l'esprit correspondant à l'ordre de choses établi et admis par la nation elle-même, *en restant soigneusement en dehors des luttes de partis.*

Agir autrement constituerait, à notre avis du moins, un véritable abus de confiance indigne de l'homme d'honneur que doit être l'officier.

Pour terminer cet exposé sur le choix d'un programme d'éducation nationale, nous ajouterons que celui résumé ci-après nous a été suggéré par la lecture des ouvrages et publications récemment parus sur cet important sujet ; par les efforts tentés dans cette action éducatrice de l'armée depuis plusieurs années déjà dans les divers corps de troupes, et dans notre compagnie en particulier ; enfin et surtout par les observations que nous a permis de faire un séjour de quinze années au contact immédiat du soldat.

Voici donc, groupés sous forme de sommaires de causeries, les éléments qui, suivant les principes précédents, nous ont semblé les plus propres à frapper l'imagination du jeune soldat pour lui donner l'esprit national :

I. Education militaire

LA FAMILLE MILITAIRE

Bienvenue aux jeunes soldats.

L'ARMÉE : Son aspect autrefois, son aspect actuel : la nation armée. Son rôle principal, son rôle moral en temps de paix.

LE RÉGIMENT : Le colonel et les officiers.

LA COMPAGNIE : C'est la véritable famille militaire. Le capitaine et ses lieutenants, les sous-officiers et les caporaux, les soldats.

Amitié et confiance réciproques entre les chefs et les soldats.

LE SERVICE MILITAIRE

L'idéal national est : LA PAIX.

Pour réaliser cet idéal il faut préparer la paix par l'éducation ; mais en l'état actuel des choses il faut aussi préparer la guerre.

Le vieux proverbe : *Si vis pacem, para bellum !* Ce qu'il nous en a coûté en 1870 pour l'avoir oublié : (Etat militaire de la France en 1870 ; état militaire de l'Allemagne; événements principaux de la guerre; la lutte nationale; les armées improvisées; la rançon).

Ce qu'en dit actuellement Roosevelt *(Idéal américain*, page 130 et suivantes).

Le service militaire actuel, *prime d'assurance contre la guerre :* Sacrifices d'argent (budget de la guerre et de la marine); Impôt du sang (service militaire).

Différentes sortes de service militaire : Armées permanentes et mercenaires ; Milices ; Service personnel, obligatoire et égal pour tous :
La nation armée.

HISTOIRE DU RÉGIMENT

LE DRAPEAU (1) : Le régiment sous l'ancien régime. Pendant la Révolution, il combat à Valmy pour la liberté, mais, trompé par les circonstances, il seconde Bonaparte au Dix-Huit Brumaire pour renverser la République.

Le régiment pendant les guerres du premier Empire. Héroïsme des conscrits en 1813 ; *Lutzen.*

La Restauration et le drapeau blanc. Conquête de l'Algérie ; *Staouéli.* Le drapeau tricolore revient à sa tête. Campagne de Crimée ; *Inkermann.* Concours généreux à l'affranchissement de l'Italie ; *Magenta.*

Guerre de 1870. Le régiment ne rend pas son drapeau, il le détruit plutôt. Expédition de Tunisie.

Le nouveau drapeau du régiment :
Honneur et Patrie.

LA PATRIE

Ce qu'on appelle la Patrie. Le sentiment patriotique :
Les Français en 1792 ;
Les Espagnols en 1808 ;

(1) Le texte de cette causerie varie évidemment avec chaque régiment. Les noms en italique sont ceux inscrits sur le Drapeau du régiment.

Les Russes en 1812 ;
Les Allemands en 1813 ;
Les Français en 1870 ;
Le grand patriote français Gambetta ;
Dernier exemple : les Boers en 1900.

Le sentiment patriotique se fait surtout sentir lorsque le pays est en danger ; malheur à qui l'oublie en temps de paix ! Il ne suffit pas pour
assurer la défense du sol natal.
L'armée nécessaire animée par le patriotisme.

LE COMBATTANT

L'ÉCLAIREUR ABRITÉ (1) : Utilisation des couverts
du sol : 1° sans travaux préparatoires ; 2° avec
travaux préparatoires.
L'utilisation du terrain n'est qu'un moyen de
faciliter le mouvement en avant.
Les Boers ont été finalement battus parce qu'au
début de la guerre ils restèrent passifs dans
leurs retranchements et ne surent pas prendre l'offensive en poursuivant les Anglais
qu'ils avaient repoussés.
L'offensive seule permet de vaincre.

EN PATROUILLE (2) : Conduite d'une patrouille en
campagne. Exécution d'une mission. Rencontre de l'ennemi. Surprise et enlèvement
d'une sentinelle ennemie ; tendre une embus-

(1-2) Voir le texte de cette causerie (Education militaire).

cade ; faire un prisonnier ; recueillir un renseignement, etc.

Initiative, audace, offensive, solidarité.

LES AUTRES ARMES

LA CAVALERIE : Diverses sortes ; moyens d'action ; notions sur l'instruction, les formations, la méthode de combat ; le rôle général de la cavalerie en campagne est d'éclairer les autres armes.

L'RRTILLERIE : Diverses sortes ; moyens d'action. Le canon de 75, la batterie, méthode de combat ; le rôle de l'artillerie est d'aider l'infanterie : aide matérielle, aide morale. En revanche, l'infanterie la protège.

LA GRANDE BATAILLE

La cavalerie en avant de l'armée à la recherche de l'ennemi.

L'avant-garde, son engagement.

Le général commandant en chef, son rôle.

Les troupes de la ligne de combat.

Les troupes disponibles et la réserve.

Ce que devient un bataillon d'infanterie dans la bataille.

La cavalerie sur les ailes.

La préparation de l'attaque par le canon et par le fusil. Solidarité entre les armes et entre les chefs.

L'assaut.

La poursuite par la cavalerie et l'artillerie.

La volonté de vaincre, la ténacité, sont les conditions essentielles du succès.

On recommence l'attaque si elle n'a pas réussi une première fois.

La générosité honore le courage.

Le service de santé après le combat. Convention de Genève.

LES GRANDES VERTUS MILITAIRES

LES ACTES DE BRAVOURE, D'HÉROISME : Récompenses nationales ; citations à l'ordre. La Légion d'honneur, la médaille militaire. Les médailles commémoratives. Les ordres coloniaux ; autres ordres français, etc. (1).

LE MODÈLE DU SOLDAT FRANÇAIS MODERNE (2) : Histoire de Marceau qui, comme soldat et comme chef, personnifie le patriotisme et les grandes vertus militaires et civiques : discipline, abnégation, dévoûment, mépris de la mort, courage, générosité, initiative, audace, respect de la loi et de l'autorité civile, amour de la paix; simplicité et désintéressement au profit de l'objet de son culte : la Nation et la Patrie.

LES SOLDATS DE GUILLAUME II

L'ARMÉE ALLEMANDE : Recrutement, durée de service, incorporation, habillement, nourri-

---

(1) S'inspirer des inscriptions faites au tableau de concours à l'occasion de l'affaire d'El Moungar (septembre 1903).
(2) Voir le texte (Education militaire).

ture, solde, serment de fidélité à l'empereur et au drapeau. Instruction, la compagnie d'infanterie allemande, méthode de combat.

L'artillerie allemande.

Les mitrailleuses.

La cavalerie allemande.

Organisation générale et mobilisation. Esprit général de l'armée allemande. Les officiers et les soldats. Situation morale défectueuse dont nous devons profiter et à laquelle *nous devons opposer un milieu de vertus et d'union entre chefs et soldats qui nous donnera la supériorité morale, premier facteur du succès.*

II. Éducation morale

DEVOIRS DE L'HOMME ENVERS LUI-MÊME

HYGIÈNE : Le corps humain, structure générale.

La peau, propreté corporelle.

La digestion.

La circulation.

La respiration.

Hygiène de chacune de ces fonctions : tempérance, entraînement physique.

Le péril vénérien (1).

L'alcoolisme.

Le tabac.

(1) Voir le texte de cette causerie (Éducation sociale).

Les remèdes de bonne femme à la campagne.
Principes de l'Hygiène sociale.

INSTRUCTION : L'ignorant, son infériorité matérielle et morale. Nécessité de l'instruction.
On a toujours quelque chose à apprendre.
Conseils pour la lecture de bons livres (organisation d'une bibliothèque dans la compagnie,
organisation du cours primaire).

MORALE : Dignité personnelle, respect de soi-
même.
La conscience humaine.
Véracité, franchise, mensonge.
Courage dans le péril.
Patience, esprit de suite, initiative.
Colère, jalousie.
Prodigalité, avarice.
Economie, dettes.
Immoralité.

DEVOIRS DE FAMILLE

LE MARIAGE : Le chef de la famille. Devoirs réciproques des époux. La femme est une compagne et non une domestique.

L'ENFANT : Son instruction et son éducation. De-
voirs de l'enfant envers ses parents. Assis-
tance aux ascendants, vieux ou infirmes.
Autorité et puissance paternelles.
Respect et obéissance de l'enfant.
Le divorce.

DEVOIRS ENVERS LES AUTRES HOMMES

DEVOIRS DE JUSTICE : Ne porter atteinte :

Ni à la vie,

Ni à la personne,

Ni à la liberté,

Ni à la réputation,

Ni à la croyance,

Ni à la propriété d'autrui,

et par cela on entend non seulement voler mais encore prêter avec usure, emprunter quand on ne pourra pas rendre, manquer à sa parole, tromper sur la qualité et la quantité des marchandises vendues ou cédées, s'approprier un dépôt confié ou un objet trouvé, frauder l'Etat ou faire de la contrebande, abuser de la confiance d'autrui, détruire ou détériorer le bien d'autrui.

DEVOIRS DE FRATERNITÉ :

La bonté,

La charité,

La politesse,

L'indulgence,

La tolérance (1).

(1) En exposant les principes de tolérance, l'éducateur parlera obligatoirement des diverses opinions politiques ou religieuses. Il devra le faire avec le tact que comporte le sujet.

III. Education sociale

L'HUMANITÉ ET L'ÉVOLUTION DES SOCIÉTÉS

LA TERRE ET L'HUMANITÉ : *La terre,* nourrice des hommes, subit, sous l'action d'agents divers (géologie), de perpétuelles modifications ; mais, en raison de la brièveté de l'existence humaine, elle paraît immuable à nos yeux.

L'humanité, elle aussi, est en constantes transformations qui se produisent sous nos sens. Elle nous offre ainsi un spectacle toujours changeant.

LA SOCIÉTÉ. — Les sociétés actuelles sont passées par les phases suivantes, ayant chacune son caractère propre :

La vie sauvage, c'est l'époque de l'action violente de l'homme sur l'homme. Procédant d'un état théologique et surnaturel, la société est alors régie par les prêtres et les chefs militaires.

La vie pastorale, c'est l'époque de révolution, celle de la domination du légiste.

Enfin *la vie agricole,* devenue aussi *industrielle,* c'est l'état actuel dans lequel on retrouve de nombreuses traces des phases précédentes, mais qui tend à faire passer le pouvoir spirituel aux savants, et le pouvoir temporel aux industriels.

Mouvements de la Civilisation : Elle s'est éveillée sur les bords du Gange, du fleuve Jaune, du Nil, de l'Euphrate. Inde, Chine, Egypte, Phénicie, Chaldée.

Elle a gagné les rivages de la Méditerranée (Grecs et Romains qui l'ont étendue à l'Europe par la conquête).

Les Européens (Espagnols, Portugais, Français, Anglais) l'ont portée au nouveau monde également par la conquête.

Progression actuelle de la civilisation; son caractère, ses procédés. — La conquête est restée jusqu'à maintenant le moyen d'expansion de la civilisation européenne ; mais l'action commerciale tend à se substituer à l'action violente.

Après avoir suivi la Foi et le Drapeau, le commerce européen agit seul, s'attachant aux voies de pénétration (Russes et Français en Asie, Transsibérien et fleuve Rouge).

Mais l'action violente réapparaît encore fréquemment dans les colonies d'exploitation, telle l'Inde aux mains des Anglais.

C'est l'honneur particulier de la France de chercher à s'assimiler les peuples qu'elle prend sous sa domination.

La politique d'exploitation est inhumaine et coûte cher en homme et en argent : la France la repousse; elle veut conquérir l'âme et le cœur des indigènes de ses colonies et propager, par une assimilation progressive, nos arts et surtout nos idées qui sont celles du genre humain, — nationales par cela même.

LA SOLIDARITÉ HUMAINE

La société, sa nécessité, ses avantages. Mise en commun de tous les efforts intellectuels et physiques. *Væ soli !*

Le progrès social doit être matériel et moral; il se reconnaît au respect absolu des droits de l'homme et à l'horreur de l'arbitraire, du despotisme et de l'immoralité.

Le travail est la loi du progrès humain.

ÉCONOMIE SOCIALE

LA RICHESSE : Ce qu'on appelle la richesse. L'argent n'en est qu'une très faible partie.

Diverses théories : Capitaliste, socialiste, collectiviste, communiste. Discussion de chacune de ces théories.

Production de la richesse. — Le capital et le travail ; combinaison des deux. Syndicats capitalistes et ouvriers ; entente entre les deux. Les grèves. L'arbitrage. L'association. La division du travail. La concurrence, ses bienfaits.

Répartition de la richesse. — Répartition entre le capital et le travail. Les Trade-Unions anglaises. Les Syndicats professionnels. Le salariat. Participation de l'ouvrier aux bénéfices (pas toujours possible).

Circulation des richesses. — L'échange. Le crédit. La loi de l'offre et de la demande. Le commerce, sa nécessité. La monnaie, son but. Les sociétés coopératives et commerciales.

Consommation des richesses. — L'épargne. Principales institutions d'épargne et de prévoyance. Caisses d'épargne postale et autres. Sociétés de secours. Caisses de retraites pour la vieillesse et retraites ouvrières. Assurances diverses.

LA MUTUALITÉ : Ses diverses formes. C'est la mise en pratique de la *solidarité humaine.*

LE CRÉDIT AGRICOLE

Son but, appréhension des paysans ; leur erreur ; préjugés à vaincre ; fonctionnement de cette précieuse institution.

LES MACHINES

Changements apportés par la machine dans les conditions du travail. Influence de la machine sur la production. Influence sur la situation matérielle et morale de l'ouvrier.

LÉGISLATION OUVRIÈRE

Travail des femmes et des enfants. Loi sur les accidents du travail, etc., etc.

DEVOIRS MORAUX ENTRE EMPLOYEURS ET SALARIÉS : *Employeurs :* Etre juste, humain, respecter la foi religieuse et l'égalité civique du salarié.

Salariés : Etre consciencieux, honnête, fidèle.

L'égalité civique et la liberté de conscience du salarié restent entières quel que soit le contrat de travail qui le lie à l'employeur.

IV. Education civique

LE PRINCIPE DES NATIONALITÉS

La Révolution française donne aux peuples conscience de leur nationalité.

Lutte des peuples pour l'indépendance :
    Espagne, Russie, Allemagne, sous le premier Empire.

Lutte des peuples pour l'existence :
    La Grèce s'affranchit du joug ottoman ;
    L'unité italienne ;
    L'unité allemande ; le pangermanisme ;
    La désagrégation de l'Empire ottoman ;
    Aspect de l'Autriche-Hongrie ; dangers qui la menacent.

Caractères distinctifs de chaque nation. Idéal poursuivi par chacune d'elles.

Relations des nations entre elles (diplomatie, traités, commerce, droit des gens, arbitrage).

LA NATION FRANÇAISE

Première idée de la nationalité : Vercingétorix ; plus tard, Jeanne d'Arc ; Louis XIV à Denain.

La Patrie en danger en 1792.

L'idée de Nation et de Patrie est toujours plus particulièrement ressentie au moment du danger ou du péril national.

Idéal de la France républicaine révolutionnaire :

Guerre aux rois, liberté aux nations !

Généreux concours de la France dans l'affranchissement des peuples : Grèce et Italie.

Erreur de Napoléon III qui, par une préparation militaire insuffisante, laisse les nationalités se constituer contre nous, au lieu de se constituer avec nous.

Idéal de la France actuelle :

LA PAIX, pour favoriser le développement commercial, industriel et colonial (mais une paix digne, sans bassesse, la nation étant toujours prête à soutenir ses droits et à tenir son rang de grande puissance).

Erreur et danger du pacifisme à outrance, de la paix à tout prix. L'idée de paix doit être gravée dans tous les cœurs français, mais à côté d'elle le patriotisme doit préciser la limite des concessions pacifiques à faire pour le bien de l'humanité.

HISTOIRE

LA RÉVOLUTION : Aspect de la France avant la Révolution. Le peuple, ses revendications. 1789. Les guerres révolutionnaires pour la diffusion des principes. Le Dix-Huit Brumaire.

3.

L'EMPIRE : L'indépendance espagnole, russe, allemande : *Un peuple ne meurt pas s'il veut
exister*. Waterloo.

LA RESTAURATION : Les traités de 1815; violente
réaction; 1830.

LA DEUXIÈME RÉPUBLIQUE : 1848. Contre-coup de
la Révolution de 1848 en Europe. Les grandes
figures de la deuxième République.
Le suffrage universel.

LE SECOND EMPIRE : Le prince-président. Le
coup d'Etat de Décembre. La politique impé-
riale. L'Europe de 1815 à 1870. Les peuples
prennent de plus en plus conscience de leur
nationalité. La France les soutient, mais ne
voit pas le danger allemand.
Crimée, Italie, Rome, Sadowa, 1870. L'unité allemande consacrée par le traité de Francfort.

LA TROISIÈME RÉPUBLIQUE : L'Alsace-Lorraine
pivot de la politique européenne. Relèvement
de la France. Alliance franco-russe et tri-
plice. Question d'Orient. Guerre turco-russe.
Troubles dans les Balkans. Expansion coloniale.
Les regards sont tournés actuellement vers l'Extrême-Orient — Chine et Japon — où est
signalé et existe réellement le péril jaune.
Guerre russo-japonaise (1).

(1) Voir le texte de cette causerie (Education civique).

LA SOCIETÉ ACTUELLE

L'INDIVIDU : Sa situation créée par la Révolution :

Ses droits politiques. — Electeur, éligible, fonctions publiques, témoin dans les actes, juré (aux assises).

Ses droits civils. — Droit de propriété, droit de puissance paternelle, d'achat, de vente, de tutelle.

Ses devoirs politiques. — Voter, respecter la loi, payer l'impôt, servir la Patrie (service militaire).

LES CORPS ÉLUS : *La commune.* — Le Conseil municipal. Le maire. Leurs attributions.

Le département. — Le Conseil général. Le préfet. Conseil d'arrondissement et sous-préfet.

L'Etat. — Le gouvernement. Le régime parlementaire.

LE CITOYEN : Déclaration des droits de l'homme et du citoyen :

Les droits. — Liberté individuelle, de travail, d'association, de propriété, de conscience.

Les devoirs. — L'impôt, le service militaire.

LA SOUVERAINETÉ NATIONALE : Comment elle s'exerce. Le suffrage universel. Le vote est moralement obligatoire, il doit être éclairé, honnête, libre.

LA LOI

Ce que c'est que la *Loi.* La Constitution de 1875. Le pouvoir législatif. Le pouvoir exécutif.

Force doit rester à la loi.

Le pouvoir judiciaire. La magistrature. La justice. Différents tribunaux. Le casier judiciaire. La loi de pardon (Bérenger).

LE BUDGET — L'IMPOT

Ce qu'on appelle le budget. Loi de finances annuelle. Equilibre du budget.

L'impôt, sa nécessité. Raisons de l'augmentation des impôts.

Impôt direct. — Foncier, cote personnelle et mobilière, portes et fenêtres, taxes sur les chevaux, voitures, cycles, chiens, billards, etc.

Impôt indirect. — 1° Objets de consommation, alcool, sucre, bougies ; 2° Enregistrement et timbre; 3° Douane; 4° Monopoles divers, tabacs, allumettes, poudre, postes et télégraphes, etc.

Répartition de l'impôt. — Sur le revenu ou sur le capital. — Difficultés d'application.

L'ÉTAT CIVIL

Son but, pas d'état civil avant la Révolution. Registres des paroisses plus ou moins bien tenus par les curés et relatant seulement les baptêmes, mariages, enterrements catholiques. Rien pour les autres religions. La Révolution en fait un service public.

Registres de l'état civil : Comment ils sont tenus ; formalités diverses pour les différents actes. Naissances, mariages, décès. Extrait des actes de l'état civil.

L'INSTRUCTION PUBLIQUE

La loi scolaire, sacrifices de l'Etat. Responsabilité matérielle et morale des parents au point de vue de l'instruction de leurs enfants. Infériorité de l'ignorant. Tout Français doit posséder au moins le certificat d'études primaires.

Enseignement secondaire et supérieur. Les grandes écoles de l'Etat.

LES COLONIES FRANÇAISES

Histoire succincte de la formation de l'empire colonial français : Algérie, Tunisie, Maroc, Indo-Chine, Madagascar, autres colonies. Climat, productions, débouchés offerts aux intelligences et aux travailleurs.

Moyen d'obtenir une concession aux colonies. L'agriculteur, avec un petit capital, peut y réussir. C'est le cas en Indo-Chine et à la Nouvelle-Calédonie.

Lorsque les débouchés offerts à la nation française attireront les jeunes gens aux colonies, la natalité augmentera dans la métropole.

LES NATIONS ETRANGÈRES

Aperçu sur le gouvernement, la politique et la situation intérieures et extérieures des Etats principaux du monde entier.

Diverses formes de gouvernement :
    Républiques unitaires ou fédératives.
    Monarchies absolues.
    Monarchies constitutionnelles.

Aspect général de l'Europe, groupement politique et militaire des Etats.

La question d'Orient.

La question d'Autriche (dans un avenir rapproché).

L'impérialisme anglais et allemand.

Le péril jaune.

Entrée du nouveau monde sur la scène politique.

V. Éducation professionnelle [1]

AGRICULTURE

Comment vit une plante : Rôle des racines : la betterave, le sucre ; rôle de la tige et des feuilles : le fourrage. La fleur, fécondation de la plante : la graine.

Nourriture de la plante : 1° Air et lumière ; 2° Sol.

La terre végétale : Ce qu'elle doit contenir pour assurer l'alimentation de la plante ; amendement du sol.

L'engrais : Le fumier, l'engrais chimique, emploi raisonné de l'engrais chimique.

VITICULTURE

Les maladies de la vigne : Phylloxéra, oïdium, black-rot, mildiou, etc. Caractéristiques et traitement.

[1] On a vu que le programme de l'Education professionnelle varie avec la profession du contingent et les ressources de la garnison (visites d'ateliers et d'usines, exploitations agricoles).

Visites d'exploitations agricoles et viticoles : Les cultures, les machines, l'élevage, etc., etc. (1)

VISITES D'USINES

ATELIERS DE CONSTRUCTION DES CHEMINS DE FER : Historique des chemins de fer : la voie, le matériel roulant; une locomotive, ses organes essentiels. L'exploitation. Les signaux pour la sécurité de la circulation.
Les grandes Compagnies de chemins de fer.
Les ateliers : menuiserie, tapisserie ; division du travail. Les machines-outils. L'électricité comme force motrice et éclairage.

POTERIE : L'argile, les briques le pétrissage pour la poterie, le tour à potier, la cuisson. La poterie de grès. L'émail. Bernard Palissy.

TANNERIE : Les peaux vertes, le raclage, le tan, le corroyage, la mégisserie.

IMPRIMERIE : Gutenberg. Les caractères d'imprimerie. La composition. La presse. Impression d'un livre, d'un journal. Le brochage, la reliure.

USINE A GAZ : L'ingénieur Lebon au dix-huitième siècle. Distillation de la houille. Le gaz, sa purification. Le goudron. Le coke. Le grisou dans la mine de houille. Le bec de gaz. Le bec à incandescence.

(1) Voir Education professionnelle, visite d'une exploitation agricole.

DÉVELOPPEMENT PRATIQUE

DU

Programme d'Éducation Nationale et Sociale

AU RÉGIMENT

La tâche de l'éducateur national paraît donc bien définie. Il s'agit maintenant de mettre le programme à la portée du contingent.

Plusieurs procédés sont employés dans ce but ; le plus souvent, la doctrine éducative est répandue sous forme de causeries, de théories morales, soit inopinées, soit faites à heure fixe.

L'éducation militaire, on l'a vu, est très souvent liée à l'instruction.

Enfin, l'éducation morale proprement dite ne peut, elle, être faite qu'à propos. « Elle doit être provoquée par les mille incidents de la vie journalière » (Ebener) dont l'éducateur profite, n'en laissant passer aucun, sans que de l'événement, de la faute ou de l'erreur commise, jaillisse, pour ainsi dire, l'enseignement moral destiné à former l'esprit et le cœur du jeune soldat.

Mais dans tous ces entretiens, « il faut parler à une réunion d'hommes un langage tel que le plus borné puisse comprendre et que le plus intelligent, fût-il licencié, ne soit pas tenté de sourire ». (Ebener.)

C'est ce que nous voyons faire dans notre compagnie depuis plusieurs années.

Malheureusement, de l'avis même de notre chef, l'éducateur parvient difficilement à se mettre à la portée des intelligences les moins ouvertes du contingent annuel.

En effet, un cinquième environ des jeunes soldats est encore aujourd'hui totalemnet illettré (1).

Deux cinquièmes savent tout juste lire et écrire.

Le reste, deux cinquièmes seulement, possède une instruction convenable.

En outre, par leur nature même les matières contenues dans le programme d'éducation, bien que très simples, sont arides à traiter devant un auditoire au niveau intellectuel aussi peu préparé.

On peut donc affirmer que l'éducateur présentant sa doctrine sous forme de causeries, même appropriées à la moyenne de l'instruction, risque de prêcher dans le désert auprès d'un tiers au moins du contingent, la partie qu'il importe le plus de dégrossir !

En l'état actuel du niveau général de l'instruction, il faut donc s'ingénier à rendre le programme assimilable à tous.

Nous avons cru en trouver le moyen dans l'emploi de projections lumineuses.

_____

(1) Nous rappelons que nos recrues proviennent d'une région en retard au point de vue scolaire.

On sait combien la conférence illustrée soutient l'attention et frappe l'imagination de l'auditeur.

Par l'image, l'individu le plus borné saisit mieux l'explication, l'idée se fixe plus facilement dans son esprit.

En outre, les projections lumineuses constituent un véritable attrait pour tout le monde.

Muni de l'autorisation et des encouragements de notre capitaine, nous avons donc organisé dans notre compagnie des causeries illustrées sur tous les sujets du programme susceptibles d'être enseignés par l'image.

Nous nous sommes procuré le matériel nécessaire, appareil à projection et écran, puis nous nous sommes occupé de l'illustration.

Nous avons trouvé dans les collections du musée pédagogique de l'Etat, les vues nécessaires pour les conférences intéressant l'hygiène, l'histoire, les colonies, mais pour la plupart des autres matières nous avons dû les confectionner.

Soit par des vues photographiques de situations militaires, prises aux exercices, soit par des reproductions de gravures, nous sommes parvenu à nous constituer une collection d'environ quatre cents clichés, intéressant l'éducation militaire, civique, sociale, etc.

Nos réunions pouvaient donc déjà, simplement par les images, piquer la curiosité et offrir de l'intérêt, mais nous avons cherché à leur en donner plus encore, de manière qu'en les laissant absolument facultatives (1) tous s'y rendissent volontairement, certains d'y trouver un délassement, une récréation.

Instruire et moraliser en amusant, tel a été le but que nous nous sommes proposé d'atteindre.

A cet effet, aux vues, illustrant le texte des sujets développés, nous avons ajouté des vues amusantes ou comiques, mais toujours morales.

Enfin, nous avons fait appel à la bonne volonté de soldats, artistes musiciens ou chanteurs (violonistes, mandolinistes, guitaristes, monologuistes), qui se sont empressés de nous prêter leur concours.

Grâce à ces divers éléments, nos réunions pouvaient donc présenter l'attrait recherché.

Les séances eurent lieu hebdomadairement, généralement le mardi, de 5 h. 45 à 7 heures du

---

(1) La présence des soldats à nos entretiens illustrés a été laissée facultative parce qu'aucun règlement ou circulaire n'autorise encore les officiers à retenir leurs hommes à la caserne le soir.

Mais il y aurait gros avantage à ce que cette présence fût rendue obligatoire, car les quelques soldats qui, systématiquement, manquèrent à nos réunions, étaient, pour la plupart, ceux qui en auraient tiré le plus de profit. Du reste, cela n'empêcherait nullement de donner aux entretiens l'attrait indispensable. On pourrait aussi compenser cette obligation par une liberté trouvée à d'autres moments.

Et la loi, elle-même, ne rend-elle pas l'instruction obligatoire ? On dira que cette manière de voir sera une cause d'impopularité, pour l'institution, vis-à-vis des soldats. Cela est vrai si l'on ne considère et l'on ne flatte que la paresse humaine : l'enfant aime-t-il toujours l'école ? le soldat, l'exercice ?

A trente ans les citoyens français eux-mêmes reconnaîtront unanimement les avantages et la nécessité de cette obligation.

soir (1), sans aucun formalisme d'installation et de tenue.

Tout en fumant leur cigarette après le repas du soir, les soldats venaient prendre place en face de l'écran et écoutaient leur conférencier qui commençait sa causerie familiale.

Voici, à titre d'indication, quelques programmes de ces réunions.

SÉANCE D'OUVERTURE

(Deux jours après l'arrivée des recrues)

1° Duo de violon et guitare.

2° La Famille militaire (conférence avec projections).

3° Une Promenade dans la Garnison (conférence avec projections).

4° La Clé des Cœurs (projections fantaisie).

5° Monologue comique.

6° Chanson patriotique.

7° Duo de violon et guitare.

SÉANCE DU 12 JANVIER

1° Mandoline, violon et guitare (orchestre).

2° Le Dix-Huit Brumaire (conférence avec projections).

3° En Patrouille, éducation militaire (conférence avec projections).

4° La Constitution de 1875, éducation civique (conférence avec projections).

5° Trop boire nuit (projections comiques).

6° Chansonnette, avec accompagnement de guitare.

7° Orchestre.

---

(1) A partir du mois de mars, les réunions eurent lieu de 8 heures à 9 heures du soir et en profitant des jours de service de la compagnie (compagnie de piquet).

SÉANCE DU 9 FÉVRIER

1° Orchestre.

2° Le Péril vénérien (conférence avec projections).

3° La Restauration (conférence avec projections).

4° L'Etat civil (causerie).

5° Le Singe et l'Explorateur (projections comiques).

6° Chansonnette, avec accompagnement de guitare.

7° Duo comique.

8° Orchestre.

Bal après la conférence.

Ainsi qu'on le constate, chaque séance comportait plusieurs parties, afin de varier les sujets.

Le développement du programme général eut lieu depuis l'arrivée des recrues, suivant la série chronologique ci-après :

Programme chronologique [1]

NOVEMBRE. — I. La famille militaire. — Bienvenue. — Histoire de la ville de garnison.

II. Histoire du régiment. — Le Drapeau. — Révolution française.

DÉCEMBRE. —   I. Au Tonkin. — La Révolution française (fin).

II. L'éclaireur abrité. — Le général Bonaparte. — Le principe des nationalités.

[1] Dans ce programme chronologique, nous ne mentionnons que les sujets de causerie proprement dits, laissant de côté la partie récréative (chants, musique, etc.), qui a été aussi variée que possible.

III. Hygiène, le corps humain (organes principaux). — Le Dix-Huit Brumaire, le Consulat. — La Nation française.

IV. Agriculture, la plante, la racine, le sucre. — L'empereur Napoléon.

JANVIER. — I. Hygiène, le corps humain (suite). — La souveraineté nationale. — Napoléon Ier (suite).

II. En patrouille, service en campagne. — Le patriotisme. — La Constitution de 1875.

III. Agriculture, fécondation des plantes. — Les corps élus, leurs attributions.

IV. La guerre de 1870. — Causes du conflit (première partie de la guerre). — Le budget, l'impôt.

FÉVRIER. — I. Hygiène, le péril vénerien. — L'état civil. — La Restauration.

II. En patrouille (suite). — Le travail et le capital. — La monarchie de Juillet.

III. La guerre de 1870 (suite). — L'Algérie.

IV. — Les grandes vertus militaires. La Légion d'honneur, la médaille militaire. — L'Indo-Chine. — Répartition et consommation des richesses.

MARS. — I. L'alcoolisme. — Madagascar. — La deuxième République.

II. Nos camarades les cavaliers. — Le sol, le fumier, l'engrais.

III. Le péril jaune, la guerre russo-japonaise. — Le tabac, les remèdes de bonne femme. — Maladies de la vigne.

IV. La guerre de 1870, la rançon. — Le relèvement de la France, la triple alliance et l'alliance franco-russe. — La prévoyance et la mutualité.

AVRIL. — I. Nos camarades les artilleurs. — La grande bataille. — Les nations étrangères.

CLÔTURE. — II. Les soldats de Guillaume II. — La France actuelle : ce qui fait le pays : c'est le citoyen !

On remarquera que dans ce programme chronologique, il n'est question ni de l'éducation morale proprement dite, ni du développement de l'instruction primaire du contingent, des illettrés notamment.

Ces parties essentielles ont reçu de la part du capitaine une solution aussi complète que possible, une bibliothèque, salle de correspondance et d'étude, étant, du reste, organisée depuis plusieurs années déjà à la compagnie par ses soins.

Les conférences illustrées ont cessé au commencement d'avril (vacances de Pâques) époque à laquelle les travaux militaires commencent de très bonne heure et sont plus fatigants.

Mais nous nous promettons de profiter de toutes les circonstances pour continuer l'œuvre d'éducation nationale, notamment lors des périodes de convocation des réservistes.

Voici quelques sujets qui pourraient être développés à cette occasion :

a) L'armée actuelle, son caractère, sa nécessité.
b) Les colonies françaises.
c) Le citoyen.
d) La France, sa situation actuelle en Europe et dans le monde.

Enfin, au cours de l'été nous terminerons en visitant les usines et ateliers importants, les exploitations agricoles et viticoles existant dans la garnison, en nous efforçant, dans chacune de ces leçons de choses, de dégager et de mettre à la portés des soldats les idées de progrès, les grands principes d'économie sociale et des lois du travail qui sont la base de l'essor moral et social.

Il serait beaucoup trop long de donner ici le texte de tous les sujets traités dans les causeries énumérées précédemment.

Nous nous bornerons à annexer à ce travail quelques-uns de ces sujets entièrement développés, dans le but de fixer les idées sur la façon suivant laquelle nous les avons interprétés auprès de nos jeunes soldats.

CONCLUSIONS

Voilà comment nous avons compris le rôle de l'officier éducateur national, voilà comment nous avons cru devoir le remplir.

Est-ce ainsi qu'il doit être envisagé et traduit ?

C'est ce que nous demanderions aux résultats, s'ils étaient immédiats.

Malheureusement, ainsi que l'a dit M. le commandant Ebener, « ce n'est pas en quelques mois que les résultats apparaîtront manifestes, indéniables ».

Aussi c'est à nos chefs hiérarchiques, à tous ceux qui ont la « mission définitive de rendre à la Patrie des enfants meilleurs qu'ils ne les ont reçus » ; à tous ceux qui sont chargés d'une parcelle quelconque de l'instruction et de l'éducation nationales, que nous nous adressons en les priant de bien vouloir nous donner franchement leurs avis, leurs conseils.

Si nous nous sommes trompé, nous sommes prêt à accueillir toute observation, toute modification au programme que nous avons voulu nous tracer dans le but essentiel de faire de l'armée « cette grande école d'hygiène morale et physique, en même temps que d'honneur, de vaillance, de discipline, de patriotisme, qu'elle doit être, où les masses pourront prendre l'esprit d'association, d'ordre, de hiérarchie qui leur manque, et sans lequel on ne peut arriver à la satisfaction des intérêts généraux et individuels, au bonheur de tous ». (Ebener.)

Loin de nous, donc, la prétention de présenter ce travail comme étant la traduction de la pensée « des hommes d'intelligence et de probité » (Ebener) qui réclament de nous, officier, le rôle d'éducateur national.

D'autres ont écrit, nous, nous avons agi, voilà tout !

On dira peut-être que notre méthode n'est pas pratique. Tout le monde n'a pas le temps et les moyens nécessaires à l'organisation de conférences illustrées !

Le temps ?

C'est ce qui manque le moins !

Tous les officiers se livrent annuellement à des études qu'ils présentent sous forme de travaux d'hiver.

Quel plus beau et plus utile travail pour l'officier lui-même et pour le pays que la préparation de ces causeries !

Elle exige, en effet, des lectures sérieuses et l'étude des questions psychologiques et sociales propres, au dernier degré, à porter la valeur morale de l'officier à la hauteur exigée par le Règlement provisoire de l'infanterie (t. I, n° 6).

Evidemment, ce n'est pas un travail d'un ou de

quelques mois, c'est au contraire un labeur de longue haleine et constant parce qu'un programme d'éducation aussi important ne peut être développé avec chances de succès qu'après avoir été mûri, complètement assimilé par l'éducateur.

Celui-ci, du reste, doit observer avec la plus grande attention l'évolution économique et sociale, afin de pouvoir toujours être le guide sûr dont on suivra les conseils.

C'est donc, peu à peu, par une étude journalière et progressive, que l'officier éducateur pourra se placer à la hauteur de sa nouvelle mission.

Il n'a pas le droit de rester indifférent à l'évolution nationale, il doit marcher avec son temps (1).

Sans doute, dans cette préparation, se verra-t-il fréquemment en face d'idées rebattues, de lieux communs ; mais aussi et plus souvent encore de sujets nouveaux pour lui.

(1) Quels prodigieux résultats, au bénéfice de la masse, produirait l'effort du corps des officiers, élite du pays, qui, sans oublier sa mission essentielle : la préparation de la nation à la guerre, donnerait journellement un quart d'heure, une demi-heure de son temps à l'éducation, à l'avenir de la race !

Mais pour que cet effort soit fructueux, et aussi pour en faciliter la préparation, nous croyons qu'il serait avantageux :

1º D'instituer dans les écoles militaires une chaire de sociologie destinée à jeter les bases de la doctrine morale et sociale dans l'esprit des jeunes officiers et à orienter leurs études ultérieures;

2º D'organiser dans les corps de troupe, parallèlement aux conférences militaires techniques, des conférences traitant les sujets d'intérêt moral et social à l'ordre du jour, afin d'attirer sur eux l'attention du corps d'officiers;

3º De confier enfin l'action éducatrice aux officiers de maturité d'esprit complète (en principe le capitaine dans sa compagnie).

Dans les débuts, il se trouvera dépaysé; plus tard, il sera au courant de toutes ces questions nouvelles, son instruction générale le lui permet.

C'est donc une vaste besogne à mener, comme toutes du reste, avec esprit de suite et en visant un but bien défini.

Les loisirs de la vie militaire sont assez nombreux pour y suffire, quoi qu'on en dise.

Du reste, il ne faut pas l'oublier, l'officier n'est pas que l'instructeur de ses hommes, il en est surtout l'éducateur.

Il est même, on peut l'affirmer, le dernier des artisans de l'éducation nationale, car lorsque l'homme quitte le régiment, il est généralement livré à lui-même, il s'établit, fonde une famille, fait acte de citoyen « vole, comme on dit, de ses propres ailes » : il entre réellement dans la vie nationale et sociale.

L'officier met donc la dernière main à cette éducation, question vitale pour le pays ; et c'est précisément cette situation terminale, occupée par lui, dans l'œuvre d'éducation nationale, qui donne à son rôle d'éducateur l'importance primordiale que lui attribue le Règlement provisoire d'infanterie. Il doit donc se faire un scrupule de ne livrer aucun homme à la vie nationale et sociale sans être certain que cet homme possède les vertus qui feront de lui l'honnête homme, le bon soldat, le bon citoyen, c'est-à-dire le bon Français.

Le devoir de l'officier ne réside donc pas seulement dans la surveillance ou la direction d'un exercice ; rentré chez lui, il doit encore s'instruire personnellement afin de pouvoir moraliser et instruire ses subordonnés.

Il n'est d'ailleurs aujourd'hui aucun commandant de compagnie, aucun chef de corps qui ne laisserait les loisirs voulus aux officiers désireux, sans négliger l'instruction professionelle de leur troupe, de prendre, dans une juste mesure, une part active à l'œuvre d'éducation nationale.

Pour que les causeries ainsi préparées soient suivies par les soldats, on sait qu'elles doivent constituer, pour eux, une véritable, récréation.

Tout le monde, dira-t-on, ne peut faire l'acquisition d'appareils et de vues pour projections lumineuses, etc.

Cette seconde objection tombe d'elle-même comme la première.

Dans tous les régiments existent maintenant des appareils à projections payés par les fonds de la masse des écoles ou les « fonds éventuels ».

Pourquoi ne pas les utiliser dans les compagnies ? (1).

Les vues pour l'illustration ? (2).

L'officier n'a qu'à les demander au musée pédagogique de l'Etat où il trouvera gratuitement tout ce qui lui sera nécessaire.

Cet établissement n'a pas encore très complète sa collection militaire, mais, peu à peu, cette col-

(1) Cela a lieu dans quelques régiments.
(2) Le journal *Après l'École* (CORNELY, 101, rue de Vaugirard) fournit dans chacun de ses numéros une conférence toute préparée avec vues en noir et en couleurs.

lection s'enrichit et, bientôt, elle offrira toutes
les ressources voulues.   .

La Société des conférences populaires s'occupe
de cette question et demande la collaboration de
toutes les bonnes volontés afin de réunir le plus
tôt possible les documents nécessaires à l'éducation militaire par l'image.

Mais dans le cas où un officier voudrait illustrer
un texte de sa composition personnelle, il le peut
très facilement, sans bourse délier. Les Conseils
d'administration prévoient annuellement une certaine somme dans les dépenses incombant aux
fonds de la masse des écoles, ou aux fonds éventuels (1), pour les conférences régimentaires
faites aux soldats.

Pourquoi ne pas comprendre dans ces dépenses
les frais d'illustration de ces conférences lorsque
cela est nécessaire ?

Aujourd'hui l'art de la photographie est si
répandu, qu'il n'est pas de corps de troupe où
n'existe un photographe amateur capable de reproduire sur verre, avec la permission des au-
teurs, les images voulues, si on lui fournit les
produits photographiques indispensables.

A la suite de l'essai que nous avons tenté dans
notre unité, d'après les idées précédemment exposées, nous pouvons affirmer qu'il suffirait par
bataillon d'un appareil à projections d'une puissance lumineuse convenable pour un auditoire de

(1) Certains corps ont sollicité des subventions auprès des
administrations municipales, qui les ont généreusement ac-
cordées,

200 personnes (50 fr.), et de réserver annuellement pour l'ensemble du régiment une somme d'une centaine de francs pour l'illustration des conférences préparées spécialement par les conférenciers (1).

Les vues ainsi préparées constitueraient, peu à peu, une sorte de musée régimentaire pouvant compléter les collections du musée pédagogique de l'Etat (2).

Avec ce matériel créé à peu de frais il suffirait, dans chaque bataillon, d'établir un tour de rôle entre les compagnies pour l'usage de l'appareil à projections.

Il y aurait ainsi au moins une causerie illustrée par compagnie et par semaine, et chaque soir, dans l'ensemble du régiment, deux ou trois lieux de réunion où, avec un peu de propagande, serait attirée, retenue et éduquée la majorité du contingent.

Enfin, les conditions essentielles de réussite dans le développement du programme ne résident pas seulement dans l'emploi de projections lumi-

---

(1) Les dépenses faites pour l'organisation des conférences illustrées dans notre compagnie se sont élevées :

Appareil et écran, environ 50 fr.; produits photographiques, environ 50 fr. Total, environ 100 fr.

Ce matériel, une fois acquis ou confectionné, peut servir indéfiniment et être utilisé à tour de rôle dans toutes les compagnies. Les vues photographiques pour projections achetées dans le commerce coûtent 0 fr. 50 pièce en moyenne; en les confectionnant soi-même, elles reviennent à environ 0 fr. 15 pièce.

(2) Les corps peuvent aussi louer à très bon compte les vues nécessaires aux conférences (chez Mazo, 8, boulevard Magenta, Paris).

neuses, mais bien plus encore dans la conviction, l'enthousiasme de l'officier pour l'exécution de sa mission nouvelle, dans la camaraderie, la fraternité, l'amour du chef pour le soldat, dans la bonhomie, la simplicité employée par lui, dans ses entretiens avec ses hommes ; en un mot : il doit leur parler avec son cœur.

Ainsi qu'on le constate, tout officier peut donc développer, dans son unité, un programme d'éducation attrayant qui n'exige de lui, en vérité, que du temps et de la volonté.

Nous disons, « dans son unité » parce que nous estimons que c'est dans la compagnie et non dans l'ensemble d'un bataillon, encore moins d'un régiment, que l'éducation nationale doit se donner.

Du reste, par ses entretiens avec ses soldats, l'officier de compagnie gagnera en autorité, et plus encore en attachement et en reconnaissance, de la part de ses subordonnés, dont il aura contribué à former le cœur, qu'il aura armés pour la vie, tout en adoucissant pour eux la dure épreuve du service militaire :

Il aura gagné leur confiance et réalisé cette sorte de couronnement de l'éducation militaire dont nous avons parlé au début de notre travail.

C'est donc dans la compagnie que l'officier peut le mieux concourir à l'éducation nationale (1).

(1) Cela n'empêcherait nullement de posséder, pour l'ensemble du régiment, une salle de réunion pour les soldats. dans laquelle pourraient toujours être faites des conférences, représentées des pièces de théâtre, organisées des fêtes. le tout ayant toujours le but de retenir le soldat au quartier et de le

Dans les lignes qui précèdent nous avons posé les deux principes suivants :

I. L'éducateur doit avoir un programme (1).

II. Le véritable éducateur est l'officier de compagnie parlant à ses hommes, et nous avons exposé l'idée que nous nous sommes faite de notre devoir d'éducateur suivant ces principes.

Pour terminer cette étude, nous croyons cependant devoir ajouter encore quelques indications d'ordre plus général, toujours relatives à la mission morale de l'armée.

Le but de l'éducation nationale est de donner à l'ensemble du pays un esprit, une conscience nationale, d'en réaliser l'unité morale.

Or, en conviant l'armée à cette haute mission, les pouvoirs publics laissent l'officier libre de choisir son programme et de le développer suivant ses sentiments personnels.

N'y a-t-il pas là une anomalie ?

soustraire autant que possible au péril alcoolique et vénérien. Dans le même ordre d'idées, il serait particulièrement avantageux de disposer également à la caserne d'un local où les soldats pourraient placer à leur disposition journalière les valises, colis, bicyclettes que presque tous apportent en arrivant au corps et déposent dans les cabarets avoisinant le quartier. La garde de ces colis par les tenanciers d'estaminets n'est pas toujours gratuite, et le serait-elle, que ce dépôt constitue toujours pour le soldat l'obligation d'une fréquentation dangereuse pour sa bourse et sa santé, d'autant plus que dans les cabarets en question vivent généralement les femmes publiques les plus suspectes.

C'est pour éviter cette exploitation immorale du soldat que s'organisent actuellement les Foyers du Soldat dans diverses garnisons.

(1) Programme officiel ou personnel.

Pour réussir dans cette œuvre, ne faut-il pas, plus encore qu'ailleurs, l'unité de doctrine ?

Est-on certain que tous les officiers envisageront la question de la même manière ?

Qui plus est, nous croyons que l'officier est devenu le continuateur de l'œuvre de l'instituteur, du professeur, continuateur d'un ordre plus élevé parlant à des hommes et non à des enfants, et que, par suite, le programme d'éducation nationale, à l'école et au régiment, doit partir de la même base, avoir le même but, revêtir le même caractère.

Un accord doit donc exister, à cet important point de vue, entre l'instruction publique et l'armée :

L'instituteur prépare.

L'officier achève et perfectionne.

Cet accord n'a-t-il pas déjà été reconnu fécond en avantages et réalisé en ce qui concerne l'éducation physique? (1).

Est-ce à dire qu'il faille tracer à l'éducateur une ligne de conduite fixe, étroite ?

---

(1) Règlement de gymnastique du 22 octobre 1902. « Ce groupe-
» ment des exercices, qui a déjà été adopté pour le manuel de
» gymnastique de l'instruction publique, a l'avantage d'établir
» une union intime entre la gymnastique scolaire et la gym-
» nastique militaire. L'une doit être en effet la continuation de
» l'autre, etc., etc. »

Par cet accord, l'action de tous les artisans de l'éducation nationale, instituteurs, professeurs, officiers, serait dirigée et concentrée vers le même but; il y aurait, là aussi, une application des plus heureuses du principe de la convergence des efforts.

Non pas, car ce serait certainement annihiler les initiatives, restreindre les bonnes volontés.

Nous croyons que c'est plutôt une directive qui doit venir d'en haut, fixant l'esprit général de la doctrine à répandre et le but à atteindre, tout en laissant à chacun le choix des moyens.

Mais nous estimons que cette directive doit être placée en frontispice à notre règlement du temps de paix en garnison : LE SERVICE INTÉRIEUR, afin que certains qui, par indifférence ou manque de compréhension du rôle actuel de l'officier restent passifs en présence de l'évolution indéniable, ne puissent s'abriter derrière cette phrase encore trop souvent entendue :

« Ce n'est pas notre affaire ; cela n'est écrit nulle part. » (1).

Et que d'autres, involontairement ou non, ne répandent pas une doctrine contraire à l'esprit national.

---

(1) Le Règlement sur le service des armées en campagne comporte les « Principes du combat », qui constituent la doctrine du champ de bataille. Le Règlement sur le service intérieur devrait, lui aussi, comporter les « Principes de l'éducation nationale », qui serviraient de base au rôle moral de l'armée en temps de paix.

L'éducation nationale ferait alors, dans une juste mesure, partie intégrante du travail militaire, et la présence de tous les hommes aux conférences, théories, causeries, serait tout naturellement rendue obligatoire. Mais, au risque de nous répéter, cela n'empêcherait nullement de donner à ces entretiens l'attrait voulu, et c'est dans la traduction de ce rôle auprès de la troupe que pourrait précisément se manifester l'initiative de chacun (conférences, causeries, leçons de choses, etc., suivant les aptitudes).

Se reporter, en outre, aux indications et renvoi de la page 55.

Il existe peut-être, là même, un danger aussi véritable venant de l'esprit rétrograde ou des idées opposées avancées à l'excès (1).

Nous avons vu, au cours de notre étude, les grandes difficultés éprouvées par l'éducateur dans le développement de son programme en raison de l'insuffisance générale de l'instruction primaire.

Nous croyons qu'il existe là aussi un mal auquel il est urgent de remédier.

Sans doute, pendant le séjour à la caserne, l'instruction des illettrés est l'objet de soins assidus, mais les résultats ne sont pas en rapport avec les efforts produits parce que le personnel enseignant, malgré sa bonne volonté, n'est pas préparé à cette mission si difficile (2).

Dans certains corps, dans notre compagnie en particulier, les illettrés, après entente avec les instituteurs publics de la garnison, ont suivi des cours spéciaux dans les écoles de la ville.

---

(1) Nous croyons qu'il serait avantageux, en raison de l'accord qui doit exister entre l'instruction publique et l'armée dans l'œuvre de l'éducation nationale, d'instituer au ministère de la guerre une Commission comprenant des membres de l'enseignement et des membres militaires.

Cette Commission aurait pour mission de fixer l'esprit de la doctrine à répandre et aussi les principes de son développement.

Une Commission de ce genre vient, du reste, d'être instituée au ministère pour régler l'accord entre tous les éducateurs physiques de la jeunesse française (gymnastique).

(2) Les moniteurs sont désignés suivant les ressources des compagnies en certificats d'études primaires et, exceptionnellement en brevets de l'enseignement primaire.

A part les titulaires du brevet, les jeunes gens ainsi désignés n'ont, le plus souvent, aucune aptitude pédagogique.

Cela constitue déjà un immense progrès. Mais il pourrait être fait plus encore.

La loi militaire appelle au service les instituteurs comme les autres Français.

Pourquoi ne pas en désigner annuellement un certain nombre pour organiser par régiment un ou plusieurs cours primaires ?

On distrait bien du service de compagnie les étudiants en médecine pour les employer dans les infirmeries ou hôpitaux ! Les soins de l'esprit ne sont-ils pas aussi indispensables que ceux du corps ?

On opposera à cette idée, qu'à l'infirmerie où à l'hôpital, l'étudiant en médecine se prépare au rôle qu'il est appelé à jouer en campagne, et qu'il n'en sera pas de même de l'instituteur employé à l'école primaire du régiment.

Comme nous le comprenons, l'instituteur, gradé ou non, ne serait pas, pour cela faire, entièrement distrait du service de compagnie, mais simplement dispensé de certains exercices vite connus par lui, ou qu'il enseignait lui-même avant son arrivée au corps.

On dira aussi que les instituteurs sont presque toujours détachés dans les pelotons spéciaux de dispensés, et qu'ils ne peuvent aussi être employés à l'instruction des illettrés. Cela est vrai actuellement, mais avec la loi militaire prochaine, il n'en sera plus de même et les instituteurs serviront bien quelque part dans les corps de troupe comme soldats ou comme gradés. Ils pourront alors être chargés de cette instruction qui, organisée d'une

façon sérieuse et étroitement surveillée, produirait les plus grands résultats : aucun soldat ne
quitterait le régiment sans posséder le bagage
intellectuel indispensable dans la vie du tra-
vailleur.

Du reste, en concourant ainsi à l'œuvre d'éducation générale, les instituteurs au régiment ne
feraient que réaliser une des plus belles applica-
tions de la solidarité humaine, dont ils sont les
apôtres auprès de l'enfance.

En outre, l'autorité dont il faut qu'ils soient
maintenant plus que jamais investis dans l'opinion ne pourrait qu'y gagner (1).

C'est d'ailleurs par application de ce même
principe de solidarité humaine que l'officier
éducateur appellera à son aide, dans le développement de son immense programme, tous les éléments instruits du contingent :

Etudiants en droit : Législation, administration,
économie sociale.

Etudiants en médecine : Hygiène.

Professeurs, instituteurs : Histoire, géographie.
conférences diverses, etc...

Diplômés de diverses écoles : Sciences, industrie, arts, agriculture, etc.

En livrant ces quelques idées à l'examen des
autorités compétentes de qui nous réclamons des

---

(1) La participation des membres de l'enseignement aux œuvres post-scolaires au régiment a fait l'objet d'un vœu au
Congrès mixte des membres des enseignements secondaire et
primaire, les 7, 8, 9 avril 1901.

conseils pour l'avenir, nous nous permettrons de consigner enfin les résultats visibles dès aujourd'hui de nos causeries illustrées.

D'une façon générale, à chacune de nos réunions absolument facultatives, la compagnie presque entière et une bonne moitié de la compagnie voisine, logée dans le même bâtiment, nous fournissaient une moyenne de 150 à 200 auditeurs.

Plusieurs fois même la présence de gradés et de soldats d'autres compagnies nous fut signalée.

Souvent, après la causerie, les hommes restant réunis sous la surveillance d'un sous-officier continuèrent à chanter, à réciter des monologues, à jouer jusqu'à l'appel du soir.

Ce brillant résultat est dû en grande partie à un état d'esprit soigneusement entretenu par le commandant de la compagnie, et aussi à l'emploi de projections ; il constitue un sérieux encouragement pour l'avenir.

Mais cela suffit-il pour affirmer que le programme ainsi élaboré et développé est susceptible de conduire au but assigné ?

C'est à celui qui a bien voulu accepter notre collaboration, qui a fait une active propagande en faveur de notre petite institution, à notre commandant de compagnie, qui nous a vu à l'œuvre, à tous nos chefs hiérarchiques enfin, de nous dire si c'est ainsi que doit être compris LE ROLE DE L'OFFICIER DANS LA DÉMOCRATIE.

En tout cas, si nous avons un peu intéressé et distrait nos soldats, si nous leur avons fait sinon aimer, mais simplement comprendre le sacrifice

militaire, si nous leur avons fait entrevoir l'importance de leur devoir social et civique, nous nous
estimerons heureux et nous ne regretterons ni
notre temps, ni nos efforts.

ÉDUCATION MILITAIRE

Exemples de Causeries

LE MODÈLE DU SOLDAT FRANÇAIS MODERNE

BUT MORAL : Les grandes vertus militaires et civiques incarnées dans Marceau. — Patriotisme et humanité. — Bravoure et générosité. — Respect des lois et amour de la paix.

EN PATROUILLE

BUT MORAL : Initiative, audace, solidarité.

L'ÉCLAIREUR ABRITÉ

BUT MORAL : L'offensive seule permet de vaincre.

Le modèle du soldat français moderne

HISTOIRE DE MARCEAU

Conférence avec projections lumineuses [1]

Mes amis,

Dans mes précédentes causeries, je me suis efforcé de vous démontrer les grandes vertus que doit posséder le soldat français moderne.

Vous vous souvenez qu'en première ligne j'ai placé le *patriotisme*, ce noble sentiment qui anime la nation tout entière et qui, au jour du danger, élèvera l'âme française jusqu'au sacrifice suprême.

Viennent ensuite la discipline, la fidélité au Drapeau, l'abnégation, le dévoûment, l'esprit de sacrifice, le mépris du danger et de la mort, le courage, la générosité, le respect des lois et institutions légales du pays, etc...

Eh bien, mes amis, ces vertus, un de nos anciens, un soldat de la Révolution, les posséda

(1) Illustrations en préparation. A défaut des vues en préparation, se servir des collections du Musée pédagogique (Révolution, Convention, etc.).

toutes développées à un suprême degré dans son cœur de Français.

Ce soldat, c'est l'illustre Marceau, dont la vie ne fut qu'une application constante des senti- ments patriotiques, humains et généreux qui caractérisèrent les armées de la Révolution, de la première République.

Je vais, du reste, vous conter son histoire et vous jugerez vous-mêmes pourquoi nous devons considérer Marceau comme le modèle du mili- taire actuel.

Marceau naquit à Chartres en 1769. Son père, greffier au tribunal de cette ville, le destinait au barreau ; il voulait en faire un magistrat pour continuer la tradition familiale.

Mais une vocation irrésistible poussait le jeune homme vers la carrière militaire, et à seize ans, en 1785, contre le gré de son père, il s'engagea au régiment de Savoie-Carignan, dans les gardes, françaises.

A cette époque, mes amis, l'armée était loin de ressembler à celle dont vous faites partie. Ce n'était pas une armée nationale, où tous les Fran- çais venaient, comme aujourd'hui, apprendre le métier des armes pour être prêts à défendre la Patrie, le jour du danger ; c'était une armée royale, à la disposition du souverain pour soute- nir sa dynastie et satisfaire son ambition.

Elle se recrutait d'étrangers, de Suisses, de quelques volontaires et surtout de racolés.

Le racolage avait principalement lieu dans les

cabarets mal famés des grandes villes ; il ame-
nait au service des pauvres hères qui, entraînés
par les promesses mirobolantes des recruteurs et
grisés par eux, contractaient un engagement contre lequel ils n'avaient plus de recours lorsqu'ils
s'apercevaient qu'on les avait trompés.

Le plus souvent, les soldats ainsi enrôlés étaient
des gens sans aveu, des vagabonds et même des
échappés de prison — le rebut de la société.

Vous vous faites facilement une idée de l'esprit qui régnait dans la troupe recrutée dans des
conditions si immorales : les soldats étaient pour
la plupart des ivrognes, des débauchés, des maraudeurs, et souvent des déserteurs.

C'est dans ce milieu dépravé et si dangereux
pour lui qu'était entré le jeune Marceau, malgré
les exhortations de son père qui en ressentit un
grand chagrin et lui en témoigna un vif mécon-
tentement.

La carrière militaire était alors fermée aux jeunes gens du peuple ou de la bourgeoisie ; il fallait être noble pour pouvoir devenir officier.
Tout soldat français n'avait pas, comme aujour-
d'hui, son bâton de maréchal dans sa giberne —
et c'est cela aussi qui désolait le père de Marceau : il voyait son enfant, contaminé et perdu
par le mauvais exemple, rester soldat toute sa
vie.

Mais Marceau arrivait au régiment avec le
désir et la volonté de se bien conduire et de travailler pour s'instruire.

Dès le début, en effet, il fut remarqué par ses camarades et par ses chefs.

Au lieu de faire comme les autres soldats qui, leur service terminé, ne songeaient qu'à s'amuser, à fréquenter les cabarets et à se griser, Marceau restait au quartier recherchant la solitude afin de pouvoir étudier et réfléchir. Il s'était procuré les ouvrages militaires des plus grands généraux, les divers règlements militaires alors en usage et il passait ses loisirs à les méditer.

Son colonel, intéressé à cette vie studieuse, le fit appeler, le prit en affection, et bientôt le nomma sergent.

Il servit en cette qualité durant cinq années, et venait de temps en temps en congé à Paris auprès de sa sœur. On était alors en 1789. Il se trouvait précisément en permission au moment où survinrent les grands événements de Juillet, commencement de la Révolution qui renversa la royauté et proclama les droits de l'homme et du citoyen, en posant le principe de la souveraineté nationale.

Marceau, à la tête d'une section, coopéra à la prise de la Bastille et peu de temps après rejoignit son régiment. Mais, par ordre de l'Assemblée nationale, il fut libéré avec presque toutes les troupes de l'ancienne armée licenciée.

Les souverains étrangers, effrayés par le mouvement révolutionnaire qui menaçait leurs dynasties, s'allièrent alors contre la France pour y rétablir la royauté avec l'ancien ordre de choses.

Ils nous déclarèrent la guerre et rassemblèrent leurs troupes prêtes à envahir nos frontières.

Il fallut réorganiser de nouvelles forces militaires pour faire face à l'ennemi.

La Patrie ayant été déclarée en danger, de nombreux volontaires accoururent prendre les armes ; l'armée française comprit alors les anciennes troupes royales et ces volontaires ; mais s'il avait été facile de trouver des soldats, il était plus difficile de leur donner des chefs.

Les officiers de l'ancienne armée, presque tous nobles, trompés par leur sentiment de fidélité au roi, ne voulurent pas servir la France républicaine. Ils émigrèrent et offrirent même leur épée à l'ennemi pour combattre leur pays.

Mais si grand que ce crime puisse vous paraître, ce n'est pas eux qu'il faut accuser dans ces circonstances si tristes ; c'est l'ancien régime qui, faussant leur esprit, les faisait confondre le souverain et la Patrie.

« Nous devons nous féliciter d'un progrès grâce auquel, aujourd'hui, on sait dans tous les partis et dans tous les pays que c'est l'acte le plus abominable de porter les armes contre sa patrie et d'y appeler l'étranger. » (Camille Pelletan. *Les guerres de la Révolution.*)

Heureusement que parmi les sous-officiers et les soldats de l'ancienne armée se trouvaient quelques serviteurs modèles et quelques jeunes gens instruits parmi lesquels comptait Marceau.

Ces sous-officiers étaient tout désignés pour remplacer les déserteurs. C'est ainsi que le sergent Marceau reçut un commandement dans le bataillon de volontaires d'Eure-et-Loir en qualité de lieutenant, puis de capitaine.

Ces troupes nouvelles ne connaissaient absolument rien de la vie militaire, ni instruction, ni manœuvres. Elles étaient, en outre, fort indisciplinées.

Il fallut souvent des exemples sévères pour réprimer chez elles l'anarchie et le désordre : des soldats indisciplinés et maraudeurs furent fusillés.

Marceau employa six mois à l'organisation et à l'instruction du bataillon d'Eure-et-Loir qui, au commencement de 1792, fut envoyé à l'armée du Nord, sous les ordres du général La Fayette, le héros de la guerre d'Amérique.

Ce général crut devoir, lui aussi, abandonner son drapeau. Plusieurs officiers se disposaient à suivre leur général en entraînant leurs soldats.

Marceau, indigné, passa dans les rangs de la troupe et, lui faisant sentir l'horreur du crime qu'elle allait commettre, l'empêcha de suivre le mauvais exemple. Il arrêta lui-même un officier traître en criant : « Français, il est un devoir plus sacré que l'amour de son général, c'est celui de ne pas laisser une frontière sans défense. »

Les soldats répondirent au cri de : « Vive la nation ! »

La France fut alors envahie par l'ennemi et les Prussiens vinrent mettre le siège devant Verdun que le bataillon de Marceau était chargé de défendre.

La citadelle était assez forte, mais les fortifications n'étaient pas en bon état.

L'ennemi bombarda la ville le 31 août 1792. Une municipalité pusillanime vint, dès le début de la canonnade, trouver le commandant Beaurepaire, chef de la place, pour l'obliger à capituler.

Beaurepaire essaya de lui démontrer la possibilité d'une résistance énergique et prolongée.

Marceau, présent à l'entretien, demanda de se défendre jusqu'à la mort et de s'ensevelir avec la garnison et les habitants sous les ruines de la ville, plutôt que de se rendre.

Mais les habitants ne voulurent rien entendre et ouvrirent les portes aux Prussiens.

C'est alors que le commandant Beaurepaire, ne voulant pas signer une capitulation et survivre à une telle honte, se brûla la cervelle en plein Conseil de guerre.

Marceau étant le plus jeune des officiers de la garnison, eut la triste et poignante mission d'aller porter la capitulation au roi de Prusse. En le quittant, il lui dit fièrement : « Au revoir dans les plaines de Châlons, sire ! » Le rendez-vous eut lieu à Valmy, comme vous le savez.

Il avait perdu ses bagages et ses économies pendant le siège ; un représentant du peuple, témoin de sa belle conduite, lui offrit de le faire indemniser par le gouvernement. « Faites-moi donner un sabre pour venger nos désastres », répondit le vaillant capitaine.

Marceau devint commandant, puis lieutenant-colonel, très rapidement. Il fut envoyé avec son corps en Vendée où il allait avoir à combattre des Français révoltés.

Les Vendéens, très attachés au roi et à la religion catholique, ne voulurent pas obéir aux lois républicaines qui choquaient leurs sentiments et leurs croyances.

Ce qui les exaspéra surtout fut le service militaire exigé de tous les citoyens. « Tout le monde sait aujourd'hui que c'est le devoir de tout Français de défendre son pays, que chacun doit payer sa dette à la Patrie, que quand on défend la France contre l'étranger, si loin que soit la frontière, c'est son champ que l'on défend avec celui du voisin » (Camille Pelletan, *Histoire des guerres de la Révolution*), et c'est pour cela que vous êtes vaillamment accourus vous-mêmes au régiment.

Mais sous la royauté on n'avait jamais rien appris de semblables aux jeunes gens. Vous savez comment était alors composée l'armée ; « aussi quand on vint dire aux paysans de l'Ouest : « Il » faut aller défendre la France », ils se révoltèrent, non pas qu'ils fussent lâches » (Camille Pelletan, ouvrage cité), mais parce qu'ils ne connaissaient que le roi et non la Patrie.

Les soldats de Marceau, habitués à se battre contre les ennemis de la France, hésitèrent d'abord dans cette affreuse guerre civile, car c'étaient des poitrines françaises qui s'offraient à leurs coups.

Au début, il y eut donc peu d'enthousiasme de la part des républicains et ces hésitations attirèrent contre leurs chefs le courroux du gouvernement, du Comité du salut public.

Un représentant du peuple, le député Bouchotte, fut envoyé à l'armée pour rechercher les officiers ayant manqué d'énergie et les traduire devant le tribunal révolutionnaire.

Marceau fut un des accusés, mais, ayant la conscience tranquille et forte du devoir accompli, il se défendit avec de tels accents que l'un des juges s'écria : « Si cet officier, que je vois pour la première fois, n'est pas un aussi fidèle républicain qu'un vaillant soldat, je ne compterai plus alors sur personne. »

Il fut acquitté. Il trouva, peu de temps après, l'occasion de répondre à la dénonciation du député Bouchotte par un acte de noble générosité et aussi de profond dévoûment vis-à-vis du représentant du gouvernement.

Aux environs de Saumur, après une affaire très chaude contre les Vendéens, Marceau, accompagné de quelques cavaliers, aperçoit un groupe ennemi entraînant un représentant du peuple : c'est le député Bouchotte tombé aux mains des rebelles.

Marceau se précipite sans hésitation ni rancune au secours du représentant du peuple ; il met pied à terre et arrachant Bouchotte des mains de l'ennemi, le place sur son propre cheval et lui fraie un passage pour s'échapper.

« Mais vous, dit Bouchotte, vous allez rester entre leurs mains, vous êtes perdu !

— Il vaut mieux qu'un obscur soldat périsse, qu'un représentant de la nation ! »

Heureusement, il peut se dégager lui-même grâce au dévoûment d'un de ses cavaliers qui, frappé à mort, lui offre son cheval.

C'est à la suite de cette brillante conduite que Marceau fut nommé général de brigade ; il n'avait que vingt-deux ans.

Il guerroya en Vendée pendant toute l'année 1793 et eut le commandement de l'armée à la bataille du Mans.

A la modération signalée dans les combats du début de la guerre civile, avait succédé une véritable haine entre les Bleus et les Chouans, et des supplices horribles, la mort sans quartier, étaient le sort des malheureux qui restaient prisonniers aux mains des deux adversaires.

Mais, aux brillantes qualités du chef militaire, Marceau joignait les sentiments les plus généreux et les plus humains ; il sauva la vie à beaucoup de Vendéens qu'il put soustraire aux rigueurs du tribunal révolutionnaire.

Il faillit même être victime de cette générosité.

De nombreuses femmes : mères, épouses ou fiancées, suivaient les troupes vendéennes et combattaient même avec elles.

A la bataille du Mans, une de ces femmes, surprise les armes à la main, allait tomber entre les mains des soldats républicains, lorsqu'elle aperçut le général Marceau et se jeta à ses pieds en criant : « Grâce ! Sauvez-moi ! »

Le généreux officier la prit sous sa protection et

donna aux soldats qui la poursuivaient l'ordre de retourner au combat.

Mais la loi révolutionnaire était impitoyable ; tout rebelle pris les armes à la main devait être mis à mort sur-le-champ, et celui qui tentait de le soustraire à cette sentence devait périr comme lui.

Marceau connaissait la loi, néanmoins il n'écouta que son cœur de Français et déroba la Vendéenne aux représailles révolutionnaires en la faisant cacher chez des paysans sûrs.

Mais il fut dénoncé, arrêté et traduit devant le tribunal révolutionnaire dont on connaissait d'avance le verdict : c'était l'échafaud.

Avant son arrestation il était allé voir une dernière fois la jeune femme qu'il avait sauvée et qui, elle aussi, venait d'être découverte et s'attendait à être condamnée à la peine capitale.

« Si un officier républicain peut vous avoir inspiré un peu d'amitié, lui dit-il en lui offrant une rose, recevez cette fleur en souvenir de lui. »

La nouvelle de l'arrestation de Marceau parvint à Paris, où le député Bouchotte l'apprit ; comme vous le savez, ce représentant du peuple avait pu apprécier la noblesse du caractère de Marceau ; il se fit donner par le Comité de salut public l'ordre d'arrêter le procès, accourut en Vendée et délivra le général.

Celui-ci s'empressa d'intercéder à son tour pour obtenir la grâce de la Vendéenne ; il était trop tard, sa tête tomba sous la guillotine, elle tenait entre les lèvres la rose fanée que lui avait remise l'officier républicain.

Marceau fut alors nommé général de division à l'armée de Sambre-et-Meuse où il allait commander à ces soldats héroïques dont le poète a ainsi chanté les vertus :

> La gloire était leur nourriture,
> Ils marchaient sans pain et sans souliers.

A la bataille de Fleurus, Marceau eut deux chevaux tués sous lui ; il combattit à pied à la tête de ses bataillons, et pour ranimer le courage de ses soldats un instant défaillant il prit un fusil et fit le coup de feu.

Quelque temps après, à la tête d'une petite troupe, il arriva devant Coblentz, somma le gouverneur de rendre la place et l'y contraignit sous les yeux d'une armée ennemie de 15.000 hommes qui, étonnée de tant d'audace, battit en retraite.

En 1795, Marceau reçut de son chef et en même temps son ami, Kléber, l'ordre de protéger le pont de Neuvied par lequel l'armée devait battre en retraite. Marceau donna les instructions nécessaires à un officier du génie, mais celui-ci, ne comprenant pas la situation, mit le feu au pont (1) avant le passage de l'armée.

Marceau, désespéré, voulait se suicider pour ne pas survivre à cette déplorable fausse manœuvre, qu'il jugeait déshonorante pour lui.

Un officier détourne le pistolet et son ami Klé-

_____

(1) Au moyen de brûlots incendiaires.

ber lui dit : « Avez-vous oublié votre ami Kléber ?
Montons à cheval ! votre devoir est de vous faire
casser la figure en défendant le passage qu'on va
réparer et non de vous suicider devant l'ennemi ! »

Le pont fut reconstruit sous le feu de l'ennemi
et l'armée put continuer sa retraite.

La campagne de 1796 ne fut pas heureuse pour
l'armée de Sambre-et-Meuse. Après avoir pénétré
jusqu'au cœur de l'Allemagne, elle dut rétrogra-
der devant l'archiduc Charles.

En septembre, Marceau était à l'arrière-garde
dont Jourdan lui avait confié la direction pour
sauver le reste de l'armée ; c'était une mission de
sacrifice.

A Altenkirchen, Marceau dut prendre position
pour arrêter la poursuite de l'ennemi et donner
ainsi aux autres troupes françaises le temps nécessaire pour se retirer.

Il réussit à retarder l'archiduc, mais bientôt
celui-ci voulut le bousculer.

Marceau s'apprêtait à résister à l'attaque jusqu'à
la dernière extrémité, et dans le but de profiter
de tous les avantages de terrain, il fit à cheval
une reconnaissance tout près de la ligne ennemie.
C'est alors qu'une sentinelle autrichienne embus-
quée derrière une haie lui tira, presque à bout
portant, un coup de fusil qu'il reçut dans la poitrine.

Il tomba de cheval et ses soldats accourus le rele-
vèrent et le transportèrent, blessé à mort, à
Altenkirchen.

La nouvelle se répandit promptement dans le

camp français et les compagnons d'armes du blessé arrivèrent en foule entourant son lit de douleur et pleurant à chaudes larmes.

« Pourquoi pleurez-vous, mes amis, disait-il ; ne suis-je pas heureux de mourir pour ma Patrie ? »

L'armée française devait continuer sa retraite, et l'ennemi était déjà aux portes d'Altenkirchen. On ne pouvait songer à transporter Marceau à la suite des troupes. On dut le laisser dans le village et le confier à la générosité de l'ennemi.

Sa renommée était passée dans le camp autrichien. L'archiduc lui fit donner les soins les plus dévoués et les officiers autrichiens vinrent le visiter en corps. Le vieux maréchal Kray, qui l'avait souvent eu comme adversaire, ne put retenir ses larmes en présence du jeune héros mourant.

Marceau rendit le dernier soupir entouré des ennemis de la France, émus et respectueux devant la fin de cet illustre Français.

L'armée française de Sambre-et-Meuse réclama la dépouille mortelle de Marceau.

Son cortège fut escorté jusqu'au camp français par les officiers et un régiment autrichiens.

Les obsèques eurent lieu à Coblentz, elles furent célébrées au bruit du canon des deux armées, tonnant en signe de deuil.

Une pyramide fut élevée au lieu où avait été frappé le héros.

Le corps de Marceau fut exhumé et incinéré peu de temps après, les cendres furent placées dans une urne d'airain portant en latin cette inscription : « Les cendres sont ici, le nom est partout. »

Cette urne, restée en Allemagne jusqu'en 1889, fut rapportée en France à cette époque et déposée au Panthéon où sont pieusement conservés, comme vous le savez, les restes mortels des grands Français.

Voilà, mes amis, ce que fut le héros d'Altenkirchen. Quels enseignements ! Quels exemples pour nous tous, officiers et sodats de la France républicaine, que cette vie tout entière !

Nous voyons d'abord Marceau jeune soldat, studieux, apprenant tous ses règlements militaires, sa théorie, pour parler comme vous, cherchant constamment à s'instruire, bien que, selon les règles de l'époque, il sache son avenir inévitablement limité au modeste galon de sergent.

Mais il est consciencieux, il sait que chacun doit mettre au service de son pays toutes ses qualités physiques, intellectuelles et morales : il travaille pour devenir un bon soldat.

Surviennent alors les événements de 1789. La nation française veut s'affranchir, Marceau se fait champion de la liberté nationale : il met son bras à sa disposition et concourt à la prise de la Bastille.

La Patrie, peu après, est en danger. Marceau a été récemment libéré, mais poussé par son ardent patriotisme il reprend du service, car il sait que le premier devoir du citoyen est de défendre son pays lorsqu'il est menacé.

Son instruction militaire le désigne immédiatement au choix des autorités, et désormais s'ouvre devant lui cette prodigieuse carrière que vous connaissez et que deux ou trois ans auparavant il n'eût jamais osé seulement entrevoir.

Les armées nouvelles sont principalement composées de volontaires sans instruction et sans discipline.

Beaucoup d'officiers, confondant, hélas ! comme je vous l'ai déjà dit, l'amour de la Patrie avec celui d'un homme, du roi, désertent et cherchent même à entraîner leurs soldats.

Marceau est indigné de cette conduite. Pour lui il n'existe que la Nation, et le soldat français doit, avant tout, être fidèle au drapeau qui la représente ; il harangue les volontaires prêts à passer à l'ennemi, fait arrêter un officier félon et vibrer le patriotisme dans la troupe un instant contaminée par le mauvais exemple.

Dans son cœur de soldat est aussi profondément gravé le sentiment de l'honneur militaire : à Verdun, lorsqu'on parle de rendre la place à l'ennemi, il répond que le défenseur doit mourir, s'ensevelir sous les ruines de la ville, mais jamais capituler.

Dans les combats il est brave, méprisant le danger et la mort ; il a plusieurs chevaux tués sous lui ; par son exemple il électrise ses soldats qui le suivent aveuglément.

A côté de ces qualités de soldat et de chef, d'entraîneur d'hommes sur le champ de bataille, existent encore chez lui les sentiments généreux et humains qui doivent animer le guerrier moderne,

joints à celui de respect et de soumission à la loi
et au représentant de l'autorité.

Non seulement, en Vendée, il répond à l'infamie
et à l'injustice par une admirable générosité vis-à-
vis du député Bouchotte, mais encore il nous
donne à tous l'exemple du respect dû à l'élu de la
nation, à l'autorité légale incarnée dans la personne du fonctionnaire représentant le pays et le
gouvernement.

Vous ferai-je encore remarquer cette touchante
protection accordée à une femme vendéenne prise
les armes à la main, au risque même de payer de
sa tête cet acte d'humanité ?

Cette simplicité, ce désintéressement qui caractérisent ce noble cœur, ce grand Français :

« Quelle récompense voulez-vous recevoir ? Que
demandez-vous au gouvernement ? lui demande
un jour le représentant du peuple à l'armée.

— Un sabre pour venger nos désastres ! »

Il est aussi le modèle du bon fils, du bon frère.
Les ressentiments de son père contre lui l'affligent
profondément ; il a une sœur qu'il aime tendre-
ment, et son berceau, privé de mère de bonne
heure, a été entouré des soins d'une vieille nourrice, la mère Francœur, qu'il affectionne particulièrement.

Au régiment, lorsqu'il n'était que soldat ou sous-
officier, il était souvent pensif, et plusieurs fois
ses camarades virent des larmes dans ses yeux.

A leurs questions, il répondait : « Je suis si loin
des miens que j'aime tant ! » Et dès qu'il obtenait

un congé il venait voir sa sœur et la mère Francœur.

Peut-être, au récit que je viens de vous faire de la vie de Marceau, voyez-vous en lui un guerrier ne rêvant que combats et batailles, ne vivant que d'un élément : la guerre, cherchant à tirer profit d'une si glorieuse carrière.

Eh bien non, mes amis, son vœu le plus cher était de rentrer dans ses foyers aussitôt que la Patrie n'aurait plus besoin de lui ; voici ce qu'il disait le soir d'une victoire : « La guerre fait le malheur de l'humanité. Ah ! puisse enfin la paix descendre sur la terre ! » et alors il pourra retourner auprès de sa bonne sœur, de la vieille mère Francœur et cultiver le patrimoine paternel.

C'est pour tout cela, mes amis, qu'au début de ma causerie, je vous signalais Marceau comme un modèle pour nous tous, militaires, chefs et soldats.

Nous sommes ici pour apporter dans la défense de la Patrie, si jamais elle est menacée, tout ce que nous avons de vigueur physique, intellectuelle et morale ; chacun de nous, du petit au grand, doit offrir généreusement, comme Marceau le fit, son bras, son cerveau, son cœur pour la mission de sacrifice qui peut nous incomber un jour.

Mais sur le champ de bataille, rappelons-nous Marceau généreux et humain.

Songeons aussi que la paix seule permet le développement intégral du progrès humain, du bien-être social ; comme Marceau, gravons profondément dans nos cœurs l'idée de Paix. Mais n'oublions pas d'inscrire à côté d'elle l'amour de notre belle Patrie qui nous fixera d'une façon précise la limite des concessions pacifiques que nous pouvons faire pour le bien de l'humanité.

LE COMBATTANT

EN PATROUILLE

Conférences avec projections lumineuses [1]

> « Développer l'adresse, le savoir-faire et
> surtout la ténacité, le caractère; répri-
> mer l'instinct de la conservation per-
> sonnelle autant qu'on peut le faire chez
> des êtres vivants ; fortifier l'intelli-
> gence du soldat par des données posi-
> tives, solides, sur son métier, sur la
> guerre : voilà le ystème de Souvarow
> dans toute sa simplicité, dans toute sa
> clarté, dans toute sa grandeur ! »
>
> (G^l CARDOT, *La Doctrine*, p. 115.)

Mes jeunes amis,

Depuis quelques jours, au cours des théories quotidiennes, vos gradés vous parlent des petites patrouilles d'infanterie.

Vous connaissez déjà tous la composition, le rôle, le mode d'action de ces éléments du service de sécurité de l'infanterie en campagne.

C'est pour confirmer ce que vous ont dit vos instructeurs à ce sujet, et surtout pour faire ressortir à vos yeux les qualités de sang-froid, d'au-

[1] Vues déposées à la Société nationale des conférences populaires.

dace, de coup d'œil que doivent posséder et mettre en valeur tous les patrouilleurs, que je vais vous en parler moi aussi, ce soir.

Comme d'habitude, ma fidèle « lanterne » m'aidera dans mes explications, en déroulant sous vos regards quelques-unes des nombreuses péripéties de la conduite d'une patrouille en campagne.

Les petites patrouilles comprennent en général un gradé et quelques hommes (3 ou 4).

Elles sont employées toutes les fois qu'une troupe doit pourvoir à sa sécurité immédiate, qu'elle soit arrêtée, en marche ou au combat.

La mission des patrouilles est très importante, car c'est la surveillance qu'elles exercent dans la direction dangereuse qui donne au chef le temps de prendre les dispositions que comporte la situation, ou qui permet aux camarades de se reposer en toute sécurité.

D'une façon générale, les patrouilleurs sont choisis parmi les soldats les plus alertes, les plus intelligents, ceux que l'on appelle communément « les plus débrouillards ».

Mais cela ne veut pas dire que les autres soldats, moins bien doués, ne seront jamais appelés à patrouiller.

Souvent, en effet, il faudra fournir de nombreuses patrouilles et chacun peut être invité à concourir à ce service important.

Tous les soldats de la compagnie doivent s'efforcer de devenir aptes aux fonctions de patrouilleurs, et l'orgueil du capitaine est de pouvoir dire, au mois de mars prochain : « A ma compagnie, il n'y a que des patrouilleurs ! »

Aux avant-postes, une patrouille peut :

Aller reconnaître un point désigné en avant de la ligne de sentinelles.

Aller chercher tel ou tel renseignement.

Aller surveiller une direction en s'installant en patrouille fixe pendant un temps déterminé.

Enfin, elle peut assurer la liaison avec les grand-gardes ou postes voisins.

En marche ou au combat, la patrouille couvre la troupe en avant ou sur son flanc.

Voyons comment une patrouille remplit habituellement son rôle aux avant-postes.

Nous la suivrons d'abord dans l'exécution d'une mission dans laquelle elle ne rencontre pas l'ennemi.

Ensuite, nous l'observerons dans les différents cas où elle peut être aux prises avec l'adversaire.

———————

Première Conférence

Consignes générales et exécution d'une mission dans laquelle la patrouille ne rencontre pas l'ennemi.

Pour graver plus facilement dans votre esprit les principes généraux qu'une patrouille doit toujours appliquer dans l'exécution d'une mission, je crois qu'il est bon de les étudier dans l'ordre suivant lequel ils seront généralement mis en pratique.

Nous observerons donc les agissements successifs d'une patrouille depuis le moment où elle reçoit sa mission, jusqu'à l'instant où, revenue à son point de départ, elle rend compte du résultat de son opération.

Dispositions préalables à la mise en marche. — Le chef de poste qui envoie une patrouille conduit généralement les patrouilleurs à l'abri des vues de l'ennemi, face à la direction que doit suivre la patrouille. Il donne alors la mission au chef de patrouille en lui montrant l'objectif à atteindre ou en lui en indiquant tout au moins la direction.

Dans le cas qui nous intéresse, voici ce que dit le chef de poste au chef de patrouille :

« Caporal Dolet ! Devant vous, à 1.200 mètres environ, un vallon ; au fond, sur la rivière, un groupe de maisons entouré de grands peupliers, c'est le moulin de Préan auprès duquel il y a un pont. Je désire savoir si ce pont est praticable aux voitures. »

Le chef de patrouille, abrité, écoute attentivement les indications du commandant du poste.

Il répète à haute voix la mission qu'il a reçue afin de faire voir qu'il l'a bien comprise, et la transcrit sur son carnet en quelques mots, par exemple : « Aller reconnaître si les voitures peuvent passer sur le pont du moulin de Préan. » (1).

(Vue n° 1 : *Le chef de poste donne au chef de patrouille la mission à remplir.)* La projection vous représente le chef de poste donnant la mission au chef de patrouille.

Le chef de patrouille réfléchit avant de partir. — Notre chef de patrouille sait donc maintenant ce qu'on attend de lui. Va-t-il se mettre immédiatement en route ? Non, pas encore. Avant de partir, il doit réfléchir avec le plus grand soin sur les moyens d'exécuter coûte que coûte la mission qui lui est confiée.

Il doit pour ainsi dire faire son plan, savoir comment il va s'y prendre.

Dans cet acte de réflexion, essentiel pour la réussite de l'opération, le chef de patrouille s'inspire de la configuration du terrain pour déterminer les bonds successifs qu'exécutera la pa-

---

(1) Projeter sur l'écran le renseignement écrit sur un morceau de verre 3 1/2 — 10 cent.

trouille, de point d'observation en point d'observation, jusqu'à l'objectif final.

Les meilleurs points d'observation sont les
points élevés, dominants.

Ensuite, le chef de patrouille s'oriente pour
savoir dans quelle direction il va marcher et pouvoir retrouver facilement son poste.

Je ne vous parlerai pas ici des moyens d'orien-
tation que vous connaissez tous et que vous prati-
quez journellement.

Enfin, le chef de patrouille choisit un point de
ralliement très visible de loin, facile à retrouver
(grand arbre, moulin à vent, etc.).

(Vue n° 2 : *Le chef de patrouille réfléchit avant
de partir.)* La projection représente le chef de
patrouille qui réfléchit et prend, avant de partir,
les dispositions nécessaires pour l'exécution de la
mission.

(Afin de le reconnaître plus facilement sur les
projections, le chef de patrouille a le manchon
blanc.)

*Le chef de patrouille prend ses dispositions de
départ.* — Voici donc notre chef de patrouille
fixé sur l'opération qu'il doit conduire, et sur les
moyens qu'il compte employer pour la faire
réussir.

Il a décidé, je suppose, de gagner d'abord une
crête, qui est son premier objectif.

Il conduit alors ses patrouilleurs à l'abri des
vues, face à la direction à suivre, et leur indique
la mission confiée à la patrouille.

Il la leur fait répéter à haute voix et inscrire sur leur carnet.

Il leur montre l'objectif définitif à atteindre, distribue à chacun d'eux le rôle qu'il aura à remplir.

(Vue n° 3 : *Le chef de patrouille met son monde au courant de la mission à remplir.*) La projection vous montre le chef de patrouille donnant à ses hommes les indications nécessaires ; tous sont abrités, écoutent attentivement, et regardent la direction indiquée par le chef, qui, dans le cas présent, leur dit ce qui suit :

« Nous allons faire la reconnaissance du pont du moulin de Préan que vous voyez au fond du vallon. Il s'agit de savoir s'il est praticable aux voitures. Direction N.-E. (Tout le monde regarde et répète.)

» Premier objectif : le bouquet d'arbres sur la crête à droite. (Tous regardent et répètent.)

» Franklin ! Marche à 200 pas en avant, éclaire la patrouille. (Franklin répète.)

» Assin ! Marche avec moi, observe à droite et à gauche. (Assin répète.)

» Mercereau ! Suit à 100 pas derrière et surveille en arrière. (Mercereau répète.)

» Point de ralliement ! Le cyprès dont la cime est très élevée. » (Tous regardent et répètent.)

Le chef de patrouille demande alors si tout le monde a bien compris, donne des explications complémentaires s'il y a lieu, puis met la patrouille en marche.

La patrouille franchit la ligne des sentinelles.
— Le petit groupe, ainsi formé, s'approche de la
ligne des sentinelles qu'il faut d'abord franchir.
Le chef de patrouille se met alors en relation avec
la sentinelle double qui lui communique ce qu'elle
a vu ou ce qu'elle a appris. Celle-ci, qui est en
faction depuis un certain temps déjà, a pu, en
effet, soit voir rôder une patrouille ennemie, soit
recueillir d'autres renseignements utiles au chef
de patrouille. Elle doit faire preuve de camaraderie et de solidarité en avertissant la patrouille.

(Vue n° 4 : *Le chef de patrouille entre en relation
avec la sentinelle double.)* La projection vous
représente la patrouille arrivant près de la ligne
des sentinelles. Les patrouilleurs s'abritent et le
chef, s'approchant de la sentinelle, se fait donner
les renseignements nécessaires.

La patrouille continue alors sa marche sur l'objectif désigné.

Comment marche la patrouille. — Il n'y a pas
de formation de marche type. Elle dépend du terrain : tantôt la patrouille marche en file indienne,
tantôt elle a un flanqueur, tantôt les hommes sont
à 200 ou 300 mètres les uns des autres, tantôt ils
sont à quelques pas seulement.

L'unique règle, c'est que les patrouilleurs ne
doivent jamais se grouper et surtout ne jamais se
perdre de vue.

La place du chef de patrouille est là où il peut le
mieux voir et observer par lui-même.

Le règlement dit qu'il se tient généralement en

tête, mais, par tête, il faut comprendre : Direction du danger ou de l'ennemi.

Du reste, il ne doit jamais être seul dans cette direction, il doit toujours avoir un éclaireur en avant de lui, comme avant-garde.

(Vue n° 5 : *Marche d'une patrouille le long d'une haie.)* La projection représente la patrouille en marche le long d'une haie.

Le chef de patrouille est en tête, mais il est précédé à quelques pas par un éclaireur.

Les patrouilleurs ne doivent pas se courber en marchant, car dans cette posture ils surveillent mal le terrain, puisqu'ils ont les yeux tournés vers la terre.

Il faut éviter toute perte de temps, mais aussi toute course inutile.

La patrouille gagne une crête. — Premier objectif. — La patrouille s'approche ainsi de son objectif assez près pour pouvoir en explorer les abords à la vue, mais en évitant de s'exposer au feu efficace contre le soldat isolé (250 mètres).

Le chef de patrouille doit alors redoubler de prudence et assurer sa sécurité.

Nous savons que notre patrouille voulait gagner une crête.

Le patrouilleur avant-garde gravit la crête de manière à ne dépasser que de la tête pour voir sur l'autre versant.

Le chef de patrouille s'avance résolument près de lui, laissant ses autres hommes au bas de la pente continuant à observer dans les différentes directions.

(Vue n° 6 : *La patrouille devant une crête.*) La projection représente l'éclaireur de tête arrivant au sommet de la crête et faisant signe que l'on peut avancer.

La patrouille aborde une ferme. — Deuxième objectif. — Le premier objectif de la patrouille est ainsi atteint, il s'agit de continuer la marche dans la direction du moulin de Préan.

Le chef de patrouille examine de nouveau le terrain, réfléchit pendant que ses hommes observent, et choisit le deuxième objectif qu'il désigne à ses patrouilleurs, une ferme, par exemple.

Après une exploration sérieuse à la vue, on s'avance avec précaution.

Reconnaissance extérieure de la ferme. — Le chef dispose un guetteur vers l'entrée ou à l'extrémité du mur de clôture.

Deux patrouilleurs font la courte échelle pour regarder à l'intérieur de la ferme dans laquelle il ne faut pas pénétrer imprudemment.

On aborde de préférence la ferme par les derrières, car si ces habitations sont occupées par l'ennemi, il y a généralement aux entrées des factionnaires qui donneraient l'alarme.

(Vue n° 7 : *La patrouille fait la reconnaissance extérieure d'une ferme.*) La projection vous représente les dispositions prises par la patrouille qui vient d'atteindre le mur de clôture de la ferme.

Un patrouilleur observe à l'extrémité du mur ; deux autres font la courte échelle, pour regarder à l'intérieur de la ferme. Le chef de patrouille donne les indications nécessaires.

Reconnaissance extérieure de la ferme. — Fixé sur la possibilité d'entrer dans la ferme, le chef de patrouille la fait fouiller rapidement. Tandis que deux ou trois patrouilleurs ouvrent les portes des granges, écuries, etc., regardent par les fenêtres des maisons d'habitation, le chef se tient à l'entrée de la ferme avec un éclaireur.

Il n'entrera dans l'habitation que lorsque les cours et hangars seront exactement reconnus.

(Vue n° 8 : *La patrouille reconnaît l'intérieur d'une ferme.)* La projection représente l'inspection de la cour de la ferme par la patrouille.

Un éclaireur va contourner la maison d'habitation, un deuxième regarde par la fenêtre dont il vient d'ouvrir les volets. Un troisième enfonce d'un coup de massue une fenêtre qu'il ne peut ouvrir autrement, enfin, le chef de patrouille, resté à l'entrée avec son camarade, dirige l'opération.

Pour la reconnaissance intérieure de la maison, on se fait d'abord ouvrir toutes les portes du rez-de-chaussée ; puis on visite la cave, on passe ensuite aux étages supérieurs.

Dans les localités agricoles, avoir soin de visiter les greniers ou hangars à fourrages.

La patrouille marche sur son objectif final. — Après avoir fouillé la ferme, la patrouille continue son mouvement sur le pont de Préan dont elle est maintenant à peu de distance.

Elle va ainsi arriver à son objectif final. Le chef de patrouille prend les dispositions nécessaires pour s'approcher d'abord du moulin de Préau qu'on voit dans les arbres.

Reconnaissance du moulin et du pont. — La reconnaissance du moulin se fait exactement comme celle de la ferme.

Parvenu au moulin de Préan, il faut maintenant gagner le pont et l'inspecter dans toutes ses parties.

Le chef de patrouille doit en faire lui-même la reconnaissance.

Il dispose son monde de manière à assurer la sécurité pendant qu'il examine personnellement le pont. Il doit s'assurer si les voitures peuvent y passer ; c'est donc sur la largeur et la solidité du pont qu'il doit porter son attention.

(Vue n° 9 : *La patrouille arrive à son objectif final, reconnaissance d'un pont.*) La projection représente la patrouille parvenue au pont (objectif final de la patrouille).

Un des éclaireurs est posté en sentinelle en haut du talus et surveille, pendant que les autres examinent la construction du pont.

Rédaction du compte rendu. — Dès que le chef de patrouille a recueilli les renseignements qui lui sont demandés, il les consigne sur son carnet de notes, en les communiquant à tous ses hommes, qui les écrivent aussi et les répètent à haute voix.

Cela est indispensable, car dans sa marche pour rentrer au poste, la patrouille peut être obligée de se disperser, et si un homme seul peut parvenir à regagner le poste il doit être capable de rapporter le renseignement demandé.

(Vue n° 10 : *La patrouille rédige sur place le renseignement qu'elle doit rapporter.*) La projection représente nos patrouilleurs en train de prendre en note le résultat de leur reconnaissance.

Il est avantageux de rédiger le compte rendu lorsqu'on est encore sur les lieux, afin d'avoir sous les yeux tout ce qui est important.

En tout cas, on doit écrire ce que l'on a vu, le plus tôt possible afin de ne rien oublier.

Voici le renseignement dicté par le chef de patrouille (1) :

Mission	Renseignements DE LA PATROUILLE DOLET
Aller reconnaître si les voitures peuvent passer sur le pont du moulin de Préan.	*Préan, 4 h. 20 soir, 15 avril.* Le pont du moulin de Préan est en pierre ; il a 6 mètres de large, il est en bon état. La route qui le franchit n'est pas très bien entretenue. Elle traverse une région marécageuse. DOLET.

(Vue n° 11 : *Le renseignement rapporté par la patrouille.*)

(1) À tracer sur verre à l'encre de Chine pour projeter le renseignement (8 1/2 — 10 cent.).

Principes de rédaction et de transmission des renseignements. — Voici quelques principes relatifs à la rédaction et à la transmission des renseignements qu'une patrouille doit toujours mettre en pratique :

Les renseignements sont toujours fournis par écrit. On distingue ce que l'on a vu soi-même de ce que l'on a appris.

Le meilleur renseignement est sans valeur s'il arrive trop tard à destination.

On est responsable des renseignements que l'on donne ; ils doivent donc être exacts.

Tout patrouilleur doit être porteur d'un petit carnet de renseignements.

Les comptes rendus sont autant que possible rédigés sur place lorsqu'on a sous les yeux ce qui fait l'objet de la mission. On doit écrire lisiblement en évitant tout détail inutile.

Le compte rendu est rapporté au poste par la patrouille entière.

Dans certaines circonstances il peut être utile d'envoyer un renseignement important pendant que la patrouille continue sa mission.

Dans ce cas, le porteur du renseignement ne revient pas à la patrouille.

Retour de la patrouille. — Notre patrouille a donc recueilli les renseignements qui lui étaient demandés ; tous les patrouilleurs sont fixés sur les résultats obtenus, et comme un renseignement n'est bon que s'il est arrivé à temps, il faut donc le rapporter au plus vite.

En principe, si le chemin de retour n'est pas prescrit, on ne revient pas par le même itinéraire ; on explore ainsi plus de terrain et on déjoue généralement les embuscades ennemies.

La marche pour rentrer au poste s'exécute comme celle de l'aller, par bonds successifs, de points dominants en points dominants; on s'arrête fréquemment en faisant face en arrière.

Un patrouilleur se poste souvent aux tournants des chemins, ou sur les crêtes pour observer, pendant que le reste de la patrouille gagne du terrain.

(Vue n° 12 : *La patrouille rentre sa mission étant accomplie.)* La projection vous représente la patrouille marchant en retraite. Un éclaireur se poste et regarde face en arrière, tandis que les autres continuent leur chemin vers le poste.

Rentrée dans la ligne des sentinelles. — La patrouille rentre ainsi dans la ligne des sentinelles.

De même qu'au départ, le chef de patrouille entre en relation avec la sentinelle double et c'est lui qui, maintenant, va donner à celle-ci les renseignements susceptibles de l'intéresser.

(Vue n° 13 : *La patrouille donne des renseignements à la sentinelle double en rentrant au poste.)* La projection montre la patrouille qui vient de rentrer dans la ligne des sentinelles.

Le chef de patrouille indique à la sentinelle la direction d'où une patrouille ennemie peut se présenter.

La sentinelle, prévenue, redoublera de vigilance

Rentrée au poste. — Enfin notre patrouille arrive à son poste et lui remet son compte rendu.

Le chef de patrouille se présente au chef de poste, lui rend compte de sa mission ; il lui signale les hommes qu'il a perdus ou qui se sont égarés.

(Vue n° 14 : *Retour au poste et compte rendu.)* La projection représente le chef de patrouille faisant son compte rendu au chef de poste.

Patrouilles fixes. — Vous venez de voir les opérations successives d'une patrouille qui va chercher un renseignement ; mais, vous le savez, souvent une patrouille sera détachée pour surveiller une direction importante pendant un temps déterminé.

Je vais terminer la conférence de ce soir en vous montrant comment une patrouille chargée de cette mission s'installe en patrouille fixe..

Installation d'une patrouille fixe (1). — Pour se rendre à son poste d'observation la patrouille marche comme une patrouille ordinaire, par bonds successifs.

Arrivé à son emplacement de surveillance le chef de patrouille installe un patrouilleur sur un observatoire élevé (cime d'arbre, toit de maison, etc., etc.).

Il organise, en outre, un service de surveillance mobile autour du point de station et dans un rayon d'une centaine de mètres, entre les deux

(1) Sorte de poste à la Bugeaud.

hommes disponibles, et de manière qu'il reste toujours un éclaireur auprès de lui.

Il se tient personnellement à l'abri des vues, en liaison par l'œil avec l'observateur fixe.

L'homme disponible est toujours prêt à filer pour porter au plus vite, au poste, les renseignements de la patrouille.

Dans le cas où le danger est signalé, ou si quelque chose d'important se passe en avant de la patrouille, le chef doit s'en rendre compte lui-même et ne pas se contenter de ce que lui disent ses observateurs.

(Vue n° 15 : *Installation d'une patrouille fixe sur un observatoire élevé.*) La projection représente une patrouille fixe en position de surveillance.

L'observateur fixe est monté sur le socle d'une croix et domine tout le terrain environnant.

L'observateur mobile circule autour du point de station.

Le chef de patrouille et l'éclaireur disponible sont abrités au pied du calvaire et sont attentifs aux signaux.

Relève d'une patrouille fixe. — Une patrouille fixe est généralement relevée par une autre patrouille de même nature ayant la même mission.

La patrouille de relève s'approche avec précaution et son chef entre en relation avec le chef de l'ancienne encore en position. Les deux chefs se renseignent mutuellement ; celui de la relève distribue les rôles entre ses hommes.

La patrouille relevée ne se replie que lorsque le chef de la nouvelle fait savoir que son service est établi.

Il ne faut pas copier servilement ce qu'a fait la patrouille précédente ; il faut s'inspirer du terrain et se rendre compte si la patrouille remplit convenablement sa mission.

(Vue n° 16 : *Relève d'une patrouille fixe.*) La projection représente la relève d'une patrouille fixe. Les deux chefs de patrouille communiquent entre eux, les hommes de la patrouille de relève sont restés un peu en arrière à l'abri.

Une patrouille fixe rédige ses renseignements et les rapporte ou les envoie au poste comme une patrouille ordinaire.

Rencontre de patrouilles ou de détachements amis. — Enfin une patrouille fixe ou mobile peut, au cours de sa mission, rencontrer une autre patrouille ou un détachement ami. Les deux chefs sont tenus de se communiquer mutuellement leurs renseignements et leurs observations.

Deuxième Conférence

Conduite d'une patrouille en présence de l'en-nemi. — Patrouille pendant la nuit. — Pa-trouille au combat.

Dans ma précédente causerie, vous avez vu comment une patrouille remplit une mission en général.

Mais, dans l'exécution de celle qui avait été don-née à la patrouille dont nous avions suivi l'opéra-tion, cette patrouille n'a pas eu à surmonter la difficulté la plus sérieuse qu'on doit s'attendre à rencontrer journellement en campagne : l'en-nemi !

Vous donner quelques indications sur la con-duite d'une patrouille en présence de l'ennemi, tel est l'objet de mon entretien de ce soir.

Nous verrons, ensuite, comment une patrouille s'y prend pour faire un prisonnier, pour obtenir des renseignements auprès des habitants hostiles ou récalcitrants ; enfin, nous étudierons la mar-che des patrouilles pendant la nuit, ainsi que leur rôle au combat.

Rencontre de l'ennemi. — Dans l'exécution d'une mission, une patrouille peut rencontrer :

Une ou plusieurs patrouilles ou même un déta-chement ennemi.

Elle peut aussi tomber sur une ligne de senti-

5·

nelles et de postes ennemis, ou encore avoir pour mission de la reconnaître.

Dans ces divers cas, les patrouilleurs ont à faire preuve d'audace, de sang-froid, d'esprit de décision. Ils appliquent toujours les trois grands principes suivants :

1° Une patrouille obtient un renseignement par la ruse.

2° Elle n'attaque et ne combat pas.

3° Elle ne tire que pour donner l'alarme si elle ne peut prévenir autrement.

Rencontre d'une patrouille ennemie. -- Lorsqu'elle se heurte à une patrouille ennemie, elle l'évite, se dérobe, change d'itinéraire s'il le faut, mais continue toujours sa mission.

Il est inutile de signaler immédiatement au petit poste la présence d'une patrouille ennemie, car elle ne constitue pas un danger très grand pour la grand'garde.

(Vue n° 17 : *Rencontre d'une patrouille ennemie.)* La projection représente une patrouille qui, apercevant plusieurs patrouilleurs ennemis, se défile derrière un talus pour les laisser passer.

Le chef de patrouille, l'œil au guet, se tient prêt à se dérober pour continuer quand même sa mission par un autre chemin.

Rencontre d'un détachement ennemi. — La patrouille opère de la même manière lorsqu'elle rencontre un détachement ennemi. Mais avant de se dérober et de continuer sa mission, le chef de patrouille s'efforce d'apprécier l'importance du détachement, car ce renseignement peut être très utile au commandement.

Dans ce but, la patrouille gagne un point dominant de manière à voir défiler devant elle le détachement ennemi.

On compte les unités d'infanterie (sections ou compagnies), les cavaliers, les canons, les voitures.

Dès qu'on est fixé on reprend l'exécution de la mission qu'on ne doit jamais abandonner qu'en cas de force majeure, par exemple si le détachement ennemi marche sur les avant-postes. Dans ce cas, la mission de la patrouille est momentanément suspendue — l'essentiel étant, alors, de prévenir le poste ou la grand'garde.

Dans le cas où le détachement ennemi serait rencontré tout près des lignes, il conviendrait d'exécuter un feu nourri pour donner l'alarme ; un éclaireur irait au pas de course vers le poste pour annoncer le danger.

Si la patrouille devait se replier, elle aurait soin de démasquer le front du petit poste.

Reconnaissance d'une ligne de sentinelles ennemies. — Lorsque la patrouille se heurte à une sentinelle double, son premier soin est de s'assurer s'il n'y en a pas d'autres dans le voisinage et de reconnaître leurs emplacements. En général, les sentinelles sont placées sur les routes et les sentiers, exceptionnellement elles forment une ligne continue.

Quand on sait où sont placées les sentinelles, il est généralement facile de découvrir l'emplacement du petit poste qui les a détachées.

On se faufile à couvert et on pénètre dans la ligne ennemie entre les sentinelles, en s'avançant prudemment sur l'emplacement présumé du poste ennemi — ou bien on utilise les observatoires élevés (cimes d'arbres) d'où les regards peuvent plonger dans le dispositif ennemi. — En un mot, on s'inspire du terrain pour voir sans être vu.

On remarque soigneusement le degré de vigi‧lance des sentinelles... Les sentinelles qui bâillent, qui fument, causent entre elles, sont inattentives. On peut s'en approcher et les surprendre.

Enlèvement d'une sentinelle. — Si la ruse ne réussit pas, on emploie la force et on enlève une sentinelle.

(Vue n° 18 : *Dispositions préliminaires pour l'enlèvement d'une sentinelle ennemie.)* La pro‑jection représente les dispositions préalables à l'enlèvement d'une sentinelle double ennemie.

La patrouille, grâce aux couverts, s'approche à peu de distance de la sentinelle qu'elle a choisie en raison précisément du terrain favorable, et aussi du peu de vigilance des factionnaires enne‑mis, en train d'allumer leurs pipes.

Le chef de patrouille a réparti, suivant le ter‑rain, les rôles entre ses patrouilleurs ; chacun sait ce qu'il a à faire : l'un coupera la retraite, un autre gagnera le flanc, un troisième attirera l'at‑tention de la sentinelle avant.

Lorsque tout le monde est prêt, le chef de patrouille donne le signal et tous s'élancent en même temps sur la sentinelle ennemie.

(Vue n° 19 : *Capture d'une sentinelle ennemie.*) La projection représente l'enlèvement d'une sentinelle ennemie.

Marche rapide sur le petit poste. — Cela fait, il ne faut pas perdre de temps, car, le plus souvent, un des deux soldats de la sentinelle double aura le temps de tirer pour donner l'alarme ; parfois aussi on n'aura pu se saisir d'aucun des deux factionnaires qui se replient.

Il faut donc s'avancer promptement vers l'emplacement probable du petit poste sans tenir compte de la direction de retraite des sentinelles ennemies repoussées.

Mais aussi il faut être prudent ; dès qu'on a vu le poste, se replier au pas de course en se dispersant.

Chaque patrouilleur gagne alors isolément le point de ralliement par un détour.

(Vue n° 20 : *La patrouille tombe sur le poste ennemi.*) La projection représente la patrouille ayant pu parvenir jusqu'au poste ennemi.

Le chef de patrouille qui arrive sur le poste ennemi fait signe aux autres patrouilleurs de battre en retraite au plus vite.

La sentinelle ennemie devant les armes s'apprête à tirer sur la patrouille.

Dans le cas où la patrouille donnerait dans le vide, il ne faudra pas s'aventurer trop loin, pas à plus de 400 mètres, car on s'exposerait à être coupé ; il vaut mieux se replier et aller recommencer une autre pointe ailleurs.

Quand et comment on fait un prisonnier. — On fait un prisonnier quand, malgré toute la ruse employée, on ne peut obtenir par la vue le renseignement cherché, ou bien encore quand, ayant rempli sa mission, une patrouille trouve l'occasion de compléter les indications recueillies en ramenant un prisonnier.

Une patrouille qui trouve l'occasion de faire un prisonnier avant qu'elle ait exécuté la mission qui lui a été confiée, s'inspire de cette mission et des circonstances, pour juger si elle doit opérer immédiatement la capture du soldat ennemi.

Il faut alors se rappeler, d'une part, qu'un prisonnier est un embarras pour une patrouille qui va chercher un renseignement, et, d'autre part, qu'il peut donner des indications précieuses sur l'ennemi.

Vous avez vu, tout à l'heure, comment on enlève une sentinelle.

On peut aussi profiter des fautes commises par les patrouilles ennemies qui marchent mal, trop dispersées ou au contraire trop rassemblées et sans couverture.

On leur tend une embuscade, ou bien, exceptionnellement, on les attaque.

Tendre une embuscade. — Pour tendre une embuscade, on se poste à proximité du chemin suivi par la patrouille ennemie, dans une partie

difficile et couverte. On choisit le patrouilleur ennemi le plus facile à enlever, généralement celui
de tête ou de flanc, lorsqu'il est éloigné de ses
camarades ou qu'il parvient à un tournant de
route où il les perdra de vue.

(Vue n° 21 : *La patrouille tend une embuscade.)*
La projection représente une patrouille en embuscade.

Dans un chemin boisé, s'avance la patrouille
ennemie, dont l'éclaireur de tête va être enlevé.

Comme pour enlever une sentinelle, chacun doit
exactement connaître son rôle. Deux patrouilleurs
sauteront sur l'éclaireur ennemi et le désarme-
ront. Les autres surveilleront, l'arme prête à faire
feu, le reste de la patrouille ennemie.

(Vue n° 22 : *Capture d'un patrouilleur ennemi.)*
La projection représente l'enlèvement de l'éclaireur de tête de la patrouille ennemie.

Deux patrouilleurs, baïonnette au canon, le maî-
trisent, les autres patrouilleurs surveillent au fond
du chemin boisé les agissements des autres soldats
ennemis.

Attaquer une patrouille ennemie. — Cette opération sera très rare, car, vous le savez, en principe une patrouille ne doit pas attaquer ; mais, si
elle doit faire un prisonnier coûte que coûte, et
si elle ne peut tendre une embuscade, elle ne doit
pas hésiter à prendre l'offensive.

On s'attaque de préférence à une patrouille ennemie, même plus forte, qui s'est aventurée loin
de son poste.

On commence d'abord par lui couper la retraite, puis on se poste et on s'efforce d'ouvrir sur elle, par surprise et à bonne distance, un feu bien ajusté pour lui mettre quelques hommes hors de combat et déprimer son moral.

On s'avance ensuite résolument contre l'adversaire qui prend peur et fait demi-tour ; on n'a, le plus souvent, rien à craindre, car le fusil d'un homme surpris et affolé n'est pas dangereux.

Du reste, lorsqu'une patrouille a fait face en arrière, il est bien rare qu'elle se ressaisisse pour tenir tête de nouveau ; un homme qui fuit n'a plus aucune valeur morale ; au contraire, l'audace, l'énergie et l'adresse d'un patrouilleur qui donne la chasse sont décuplées.

(Vue n° 23 : *Attaque d'une patrouille ennemie.)* La projection représente une patrouille prenant l'offensive aux trousses d'une patrouille ennemie en fuite ; les rôles sont répartis entre les patrouilleurs assaillants. On s'emparera du soldat ennemi le plus facile à capturer, et on surveillera les autres patrouilleurs ennemis pour le cas où ils feraient face en avant de nouveau.

Conduite envers un prisonnier. — Notre patrouille a fait un prisonnier ; examinons maintenant les dispositions qu'elle doit prendre à son égard.

La première des choses à faire est de le désarmer et de rendre ses armes inutilisables ; on lui enlève donc son fusil, ses cartouches, sa baïonnette.

Mais il peut posséder des armes de poche, couteau ou revolver ; il faut donc le fouiller soigneusement pour les lui enlever et aussi pour recueillir les dépêches, notes ou papiers importants dont il pourrait être porteur et qu'il pourrait détruire.

(Vue n° 24 : *Examen des effets d'un prisonnier ennemi.*) La projection représente l'opération de la fouille pratiquée dans les vêtements et l'équipement du prisonnier ; on trouve justement sur lui un couteau-poignard fixé à sa ceinture et, dans son sac, un calepin rempli de notes.

On lui bande la bouche pour l'empêcher de crier en évitant de lui fermer le nez, et on charge les armes en sa présence, en le prévenant que s'il refuse de marcher il sera immédiatement fusillé.

(Vue n° 25 : *Dispositions pour emmener un prisonnier.*) C'est ce que montre la projection : un patrouilleur bande la bouche, un autre montre la cartouche qu'il va mettre dans son fusil, enfin, le chef de patrouille informe le prisonnier de ce qu'il lui arrivera s'il n'obéit pas.

Comme on ne peut pas emporter les armes du prisonnier ennemi, on les jette dans le puits.

Enfin, on lui attache les bras derrière le dos en lui laissant simplement les mains libres pour tenir son pantalon, dont on coupe tous les boutons. Ce procédé est le meilleur pour empêcher l'évasion.

(Vue n° 26 : *Dispositions pour emmener un prisonnier.*) La projection vous montre la patrouille prête à partir avec son prisonnier obligé de tenir son pantalon par les mains.

Un prisonnier qui obéit est un être sacré qu'il est interdit de frapper et d'injurier. On l'amène le plus vite possible à la grand'garde. On n'a pas à lui faire subir d'interrogatoire, c'est l'affaire du commandant des avant-postes.

Si l'on ne peut emporter ses armes on les détruit, on les jette dans l'eau, comme vous l'avez vu tout à l'heure.

Manière d'obtenir des renseignements auprès des habitants. — Voici maintenant quelques indications sur la manière d'obtenir des renseignements auprès des habitants.

La première des choses à leur demander est, évidemment, s'ils ont vu l'ennemi et quelle était sa force.

Combien il y avait de soldats pour l'infanterie.

Combien de chevaux pour la cavalerie.

Combien de canons pour l'artillerie.

Combien il y avait d'officiers. Quel était le gradé le plus élevé.

On s'informe du point où l'ennemi a passé la nuit, de la capacité des locaux dans lesquels il a cantonné ; où il a fait la cuisine, on compte les fourneaux.

On cherche dans quelle direction il est parti, quelles étaient ses intentions, ce que disaient les officiers ; ce qu'on a entendu dire aux soldats, s'ils paraissaient satisfaits, animés d'un bon esprit ; au contraire, s'ils étaient fatigués, tristes, abattus.

En présence d'habitants hostiles ou récalcitrants on s'empare de plusieurs hommes influents dans

la localité : maire, notables, etc., et on les inter-
róge séparément en les prévenant que si leurs
déclarations sont reconnues fausses, ils s'exposent à être sévèrement punis, peut-être fusillés par
ordre de l'autorité militaire. On les confronte ensuite entre eux.

(Vue n° 27 : *Manière d'interroger les habitants.)*
La projection représente un chef de patrouille en
train de confronter plusieurs habitants qu'il a
arrêtés dans le village et déjà interrogés séparément. Un patrouilleur se tient prêt à empêcher
l'évasion de ces habitants.

Si les habitants refusent de parler, lorsqu'on
est sûr qu'ils possèdent des renseignements importants, ou si l'on a des raisons pour croire qu'ils
en ont donné de faux, on arrête un des notables du
pays, un chef de famille de préférence, et on
l'emmène en otage. On l'oblige à marcher, mais il
est interdit de le maltraiter.

(Vue n° 28 : *Emmener un otage.)* La projection
représente l'arrestation comme otage d'un chef
de famille de l'endroit.

On l'arrache à sa famille que vous voyez éplo-
rée sur la porte de la maison d'habitation. Cette
formalité vous paraît peut-être bien cruelle, mais,
mes amis, souvent, à la guerre, il faut employer
de durs moyens. D'ailleurs, je le répète, il est
interdit de le maltraiter, on l'emmène simplement
loin des siens pour l'obliger à dire la vérité, ou en
garantie des renseignements qu'il a fournis.

Un moyen excellent d'obtenir des renseigne-

ments exacts c'est d'interroger les enfants hors de
la présence de leurs parents.

Vous connaissez tous combien les enfants sont
bavards. Ils ne savent généralement pas dissimuler leurs pensées et racontent facilement ce qu'ils
ont vu ou entendu.

(Vue n° 29 : *Interroger les enfants.*) Vous voyez
notre chef de patrouille qui, ayant attiré à l'écart
un petit garçon de cinq à six ans, lui pose différentes questions en lui disant que s'il ne dit pas tout
ce qu'il a vu on l'emmènera loin de son papa.
L'enfant, intimidé, va certainement dire ce qu'il
sait.

Marche d'une patrouille pendant la nuit. —
Nous arrivons maintenant à l'étude de la marche
des patrouilles pendant la nuit.

Fréquemment des patrouilles seront poussées
sur les routes ou chemins en avant des sentinelles
pendant la nuit. Elles sortent des lignes et y ren-
trent comme pendant le jour, en se mettant en
relation avec les sentinelles doubles. Elles se font
reconnaître en donnant le mot, et en faisant, s'il
y a lieu, le signal convenu.

Dans l'obscurité, l'oreille se substitue à l'œil ;
vous savez tous combien on entend de loin pen-
dans la nuit. C'est donc l'ouïe qui est le meilleur
guide.

Comme je viens de vous le dire, les patrouilles
surveillent surtout les chemins, les gués, les dé-
filés en avant des sentinelles en s'y établissant
généralement en « patrouilles fixes ».

Pour se porter à leur emplacement ou pour en revenir, elles marchent toujours sur les chemins ou sentiers, ce n'est que si l'on connaît bien le terrain qu'elles peuvent passer à travers champs.

Elles s'avancent rarement à plus d'un kilomètre de la ligne des sentinelles afin que le petit poste puisse entendre encore le signal d'alarme qu'elles pourraient donner en cas de danger.

On marche dispersé comme pendant le jour; mais les hommes sont plus rapprochés, un éclaireur marche seulement en avant à une quinzaine de pas.

On s'efforce de diminuer le bruit de l'équipement et d'atténuer le cliquetis des armes. On s'arrête souvent pour écouter attentivement, en mettant une oreille à terre. On s'oriente au moyen de l'étoile polaire que vous connaissez bien tous.

(Vue n° 30 : *Marche de la patrouille pendant la nuit.)* La projection vous montre une patrouille écoutant pendant la nuit : un homme a l'oreille à terre, un autre jalonne la route en cassant des branches à la haie.

Par les nuits noires, on fait des remarques sur les chemins afin de pouvoir rentrer sans s'égarer, on casse des branches, on fait des petits tas de pierres, des entailles aux arbres — ou on place des petits morceaux de papier aux branches.

Rencontre de l'ennemi pendant la nuit. — On rentre donc presque toujours par le chemin de l'aller.

Pour signaler l'approche de l'ennemi, la patrouille fait un feu nourri et se dérobe.

Dans certains cas, le chef de patrouille fait des signaux convenus à l'avance, en allumant une ou plusieurs fusées, par exemple.

Lorsqu'un détachement quelconque s'approche, il faut redoubler de prudence et d'attention, car on peut aussi bien se trouver en présence d'ennemis que d'amis.

On a soin de disposer les hommes pour que tous ne soient pas enlevés à la fois, chacun se tient prêt à se dévouer pour sauver ses camarades.

Les patrouilleurs doivent tous se rappeler l'histoire du chevalier d'Assas qui, étant en reconnaissance et précédant ses camarades, était tombé entre les mains de l'ennemi : « Si tu dis un mot, tu es mort », disent les soldats ennemis, en lui mettant les baïonnettes sur la poitrine.

D'Assas sait que s'il ne dit rien, les camarades sont perdus. Alors, il n'hésite pas et s'écrie : « A moi, c'est l'ennemi ! » Il tomba percé de coups, mais il avait sauvé sa troupe.

(Vue n° 31 : *Péris, mais sauve tes frères !)* La projection représente l'éclaireur de tête qui, venant de tomber dans une embuscade, crie aux autres : « C'est l'ennemi ! »

Les autres patrouilleurs feront alors, si possible, un feu nourri pour donner l'alarme et se déroberont.

Patrouilles de liaison et patrouilles au combat.
— Il me reste maintenant à vous parler des pa-

trouilles chargées d'assurer la liaison entre la grand'garde et les postes voisins et à vous dire un mot des patrouilles au combat. Cela ne sera pas long, car tout ce que je viens de vous dire pour les patrouilles aux avant-postes s'applique dans les autres cas.

Le chef d'une patrouille de liaison doit faire viser son carnet par le chef de la grand'garde ou du poste avec lequel il doit correspondre — c'est la preuve de l'exécution de sa mission.

Il demande, en outre, les renseignements à rapporter à son chef direct.

En marche ou au combat, les patrouilles ont toujours pour but d'éviter les surprises à la troupe qui les détache, soit sur un front, soit sur un flanc. Elles sont intimement liées aux mouvements de cette troupe avec laquelle elles doivent se tenir en relation constante soit par la vue, soit au moyen d'hommes de liaison.

Elles se tiennent, en général, à 400 mètres ou 500 mètres en avant ou sur les flancs.

En marche, les patrouilles des flanqueurs s'avancent sur une direction à peu près parallèle à celle que suit la colonne qu'elles couvrent.

Au combat, indépendamment du service de sécurité, les patrouilles renseignent aussi sur le terrain et sur les cheminements qui permettent d'avancer à l'abri du feu ennemi.

Il y aurait encore beaucoup de choses à vous dire sur la conduite des patrouilles en campagne; mais je m'arrêterai ici espérant vous avoir fait comprendre toute l'importance du rôle de patrouilleur. Je me bornerai, pour terminer, à vous résumer en quelques mots les principes du règlement du service en campagne que je vous ai développés au cours de mes deux conférences, et qui constituent, on peut le dire, « le catéchisme du patrouilleur » :

1° Ne pas partir en patrouille sans avoir bien compris la mission donnée et sans avoir réfléchi sur les moyens de la remplir.

2° S'inspirer du terrain pour choisir les points dominants ou autres objectifs à atteindre successivement.

3° Une patrouille obtient ses renseignements par la ruse, elle ne combat pas, évite l'ennemi, mais continue *toujours sa mission coûte que coûte.*

4° Les principales qualités du patrouilleur sont : l'audace, le courage et le sang-froid ; c'est celui qui se croit le plus fort qui l'est généralement ; c'est aussi celui qui prend l'offensive, qui montre du mordant, qui impose à son adversaire, qui, permettez-moi l'expression, lui donne *la frousse.*

Et lorsque le moral de l'ennemi est atteint, ses fusils ne sont plus à craindre, il est à la merci de son adversaire.

Gravez-vous donc, mes chers amis, ces quelques idées dans la mémoire, appliquez-les lorsque vous serez désignés pour aller en patrouille, elles vous permettront presque toujours, croyez-le, d'exécuter avec succès la mission qui vous sera confiée en campagne.

L'ÉCLAIREUR ABRITÉ
Utilisation du terrain par le fantassin

Conférence avec projections lumineuses (1)

> « L'art d'utiliser le terrain n'est qu'un
> » moyen .»
> (Régt de manœuvre de l'infie du 20 juillet 1884,
> modifié 1891. T. II et n° 250.)
> « Seule l'offensive permet d'obtenir des
> » résultats décisifs.
> » La défense passive est à rejeter abso-
> » lument .»
> (Réglt provisoire du 3 octobre 1902. T. VII, art. I.)

Mes amis,

Vous savez maintenant très bien prendre les positions du tireur qui sont au nombre de trois :
Position debout,
A genou,
Couché,
et vous connaissez la valeur de chacune d'elles en tant que facilités de tir et vulnérabilité.

(1) Vues déposées en partie à la Société des conférences populaires. Les figures nos 2, 3, 7, 10, 20, 21, 22, sont à dessiner en noir sur verre, pour les projeter sur l'écran. Les autres vues signalées dans le texte et non déposées à la Société des conférences populaires, sont la reproduction des tableaux muraux qui existent dans toutes les casernes et qu'il est par conséquent facile de se procurer partout.

5··

Mais elles constituent, pour ainsi dire, des types, desquels il faut se rapprocher mais qu'on ne pourra pas toujours réaliser exactement à la guerre.

En effet, les positions en question ne se prennent régulièrement que sur un terrain plat et sans rugosités, comme le terrain d'exercice, mais sur le champ de bataille on ne disposera pas toujours de terrains analogues.

Pour s'avancer vers l'ennemi, on doit s'efforcer d'utiliser tous les obstacles, couverts, mouvements du sol, afin d'échapper aux vues et aux coups; par suite, on chemine ou on stationne le plus souvent sur des terrains accidentés.

En outre, lorsqu'on doit ouvrir le feu, on choisit un emplacement permettant de voir l'ennemi, de tirer sur lui en appuyant l'arme, enfin, de s'abriter de ses coups.

On conçoit dès lors facilement que, suivant le genre d'abri offert par le terrain, suivant la hauteur de l'appui pour le fusil et la surface du sol sur lequel le tirailleur doit s'installer, on sera obligé de modifier les trois positions types pour en adopter une, dérivée ou même absolument différente de celles-ci et non réglementée.

C'est, du reste, ce que recommande le règlement, art. 87, lorsqu'il dit :

« Lorsque le tireur peut appuyer à la fois l'arme et le corps, ou seulement le bras ou la main, la position du tireur doit être modifiée en conséquence. »

Quelle que soit la position adoptée, elle devra toujours :

Donner des vues sur l'adversaire,

Assurer la stabilité du tireur,

Permettre l'appui de l'arme,

enfin, fournir un abri contre les projectiles ennemis.

Au combat, le tirailleur doit donc réfléchir avant de prendre position : il examine rapidement le terrain et va occuper, sans gêner ses voisins, l'emplacement qui lui paraît le mieux remplir les conditions voulues.

Une fois installé, il se pose en outre les questions suivantes destinées à lui donner l'assurance que sa position est la plus convenable :

1° Vois-je l'ennemi ?

2° Suis-je solidement établi ?

3° Mon fusil est-il appuyé ?

4° Suis-je à l'abri des balles ?

L'examen de chacune d'elles et les ressources du terrain détermineront l'emplacement nouveau à occuper, s'il y a lieu, ou confirmeront le tirailleur dans sa première décision.

C'est surtout aux exercices en terrains variés, en voyant agir vos anciens, puis en agissant vous-mêmes, que vous acquerrez le coup d'œil nécessaire pour choisir instantanément le meilleur emplacement et pour prendre la position du tireur correspondante.

En attendant l'enseignement sur le terrain, je vais vous montrer quelques images et vous donner certaines explications qui vous feront comprendre comment on utilise les abris ou couverts du sol pour se poster en tirailleur.

Nous verrons, d'abord, les abris ne demandant aucune organisation préalable, puis nous examinerons ceux qui exigent des travaux spéciaux.

I

Les aspérités ou obstacles du terrain que l'on rencontre fréquemment sur le champ de bataille sont : les levées de terre, les crêtes, les tas de terre ou de pierres, les fossés ou excavations, les arbres, les murs, les haies.

Généralement, on utilise une levée de terre en prenant la position du tireur couché comme le montre la projection. (Vue n° 1 : *Tirailleur utilisant une levée de terre.*)

Cette position permet de ne découvrir que la tête, le fusil est appuyé sur l'arête supérieure de la levée de terre.

Une crête est occupée comme une levée de terre, si on peut gagner la partie supérieure et s'y coucher sans être vu ; mais sur une crête dénudée, au fur et à mesure qu'on s'approche du sommet on se démasque ; aussi, souvent, on devra rester assez en arrière, à l'endroit précis où dans la position debout ou à genou, on n'a encore que la tête au dessus de la crête.

Par rapport à une crête, il y a donc une ligne de défilement sur laquelle l'homme debout est à couvert tout en voyant lui-même son adversaire.

On se trouve sur cet emplacement précis lors-

qu'en gravissant la pente on commence soi-même
à apercevoir la tête de son ennemi.

Si l'on continue à avancer on voit mieux l'adversaire, mais on est aussi mieux vu de lui.

(Vue n° 2 : *Lignes de défilement offertes par une
crête*) (1).

On peut, il est vrai, prendre successivement les
positions à genou et couché pour se mettre à l'abri
et se rapprocher de la crête, mais elles ne permettent pas de mieux voir l'adversaire que debout et
sont souvent très difficiles à atteindre sous le feu
de l'ennemi, quand la crête est dénudée.

C'est pour cette raison que la meilleure manière
d'utiliser une crête est de prendre une position
intermédiaire entre le défilement de l'homme debout et celui de l'homme à genou, en A, par
exemple.

(Vue n° 3 : *Position de défilement à occuper par
le fantassin derrière une crête*) (2).

Sur cet emplacement le tirailleur se tient à

(1-2) A dessiner sur verre et à projeter.

genou et reste invisible pour charger son arme ;
il ne se lève que pour tirer. Lorsqu'il est debout,
il est évidemment un peu plus découvert que s'il
était resté sur la ligne de défilement de l'homme
debout, mais il voit beaucoup mieux l'ennemi que
celui-ci ne le voit lui-même en raison de la distance : D E, partie visible de l'ennemi, plus grande
que B C, partie visible du tireur.

En outre, en se baissant après chaque coup, le
tirailleur ne reste visible et vulnérable que pendant
le temps de la visée.

Dans certains cas, en pays montagneux, par
exemple, au lieu de s'établir en arrière de la crête
on sera parfois obligé de se poster en avant sur
la pente descendante. On comprend parfaitement
qu'on ne pourrait prendre sur cette pente la position à genou et moins encore la position couchée,
car on aurait la tête plus basse que les pieds.

Seule la position debout est possible, mais alors,
on est très vulnérable. Pour remédier en partie à
cet inconvénient on peut prendre une position
assise comme celle indiquée sur la projection.
(Vue n° 4 : *Position du tireur assis.*)

On remonte les pieds le plus possible sous les
cuisses et on a ainsi un appui pour l'arme par le
placement des coudes sur les genoux. On n'est,
en outre, pas plus vulnérable que dans la position
à genou régulière.

Sur la surface du sol on rencontre souvent des
tas de terre, de pierres, de fumier, etc.

Ces abris, suivant leur hauteur, sont utilisés au
moyen des trois positions du tireur modifiées

selon la nécessité ; mais s'ils offrent tous un mas-
que et généralement un appui pour l'arme, ils ne
mettent pas tous à l'abri des coups.

Un tas de terre doit avoir au moins 80 centimètres d'épaisseur pour arrêter les balles.

Un tas de fumier ne met complètement à l'abri
que s'il a au moins 3 mètres d'épaisseur, c'est dire
que ceux que l'on trouve dans les champs ne sont
que des couverts.

Par contre, un tas de pierres met toujours à
l'abri des coups.

Autrefois on hésitait à se placer derrière un tas
de cailloux à cause des éclats qu'on croyait dangereux pour le tirailleur. L'expérience a prouvé qu'il
n'en est rien ; les projectiles, en arrivant contre
les cailloux, se volatilisent et les éclats de pierre,
au lieu de venir sur le tireur, sont projetés dans le
sens contraire.

Les Boers connaissaient bien ces propriétés, car
ils construisirent la plupart de leurs retranchements de campagne en pierres sèches ramassées
dans les champs avoisinants.

(Vue n° 5 : *Utilisation des tas de cailloux.*) La
projection vous montre un tirailleur utilisant un
tas de cailloux.

Nous venons de voir comment on se poste derrière les aspérités du sol, mais souvent, au lieu
d'aspérités, on rencontrera des rigoles ou des
fossés, dont il faut aussi savoir profiter.

Suivant la profondeur des excavations on tire
debout ou à genou, ou même couché. Mais le plus
souvent les rigoles ne sont ni assez profondes, ni

assez larges pour permettre une position régulière. Le mieux est alors de prendre la position du tireur accroupi dans le fond de l'excavation. Les genoux servent d'appui aux coudes comme le montre la projection. (Vue n° 6 : *Position du tireur accroupi.)*

Sur le sol, il y a encore les arbres, mais ceux-ci ne constituent des abris contre les balles que s'ils ont au moins la grosseur d'un homme.

(Vue n° 7 : *Utilisation des arbres.)* Voici une image qui montre les diverses façons d'utiliser un arbre.

Vous remarquerez que le tirailleur applique son corps en entier contre le côté droit de l'arbre et appuie son fusil à l'arbre. De cette façon, il se découvre le moins possible. Quand la position à genou au pied de l'arbre permet de voir l'adversaire, il est préférable de la prendre.

(Vue n° 8 : *Utilisation d'un arbre par deux tirailleurs.)* Enfin, dans certains cas, deux tirailleurs peuvent utiliser le même arbre, l'un tirant à genou, l'autre debout.

On rencontre aussi fréquemment des murs qui sont toujours des abris parfaits, quelle que soit leur épaisseur.

De leur hauteur dépend la position à prendre.

(Vue n° 9 : *Utilisation d'un mur dans la position à genou.)* Lorsqu'un mur est trop haut pour être utilisé à genou dans la position réglementaire, on peut s'agenouiller sur les deux genoux et se tenir droit sur les cuisses comme vous l'indique la projection. On gagne ainsi 15 à 20 centimètres.

(Vue n° 10 : *Utilisation d'un mur.*) Vous voyez, sur l'écran, l'image d'un tirailleur utilisant un mur dans la position debout. Si le mur est encore trop haut pour utiliser cette position on opère comme derrière une crête, en chargeant l'arme derrière le mur et en se levant seulement pour tirer.

Dans le cas où un mur serait trop bas pour la position à genou régulière, le tirailleur s'accroupirait derrière comme je vous l'ai indiqué à propos de l'utilisation des faibles excavations.

L'extrémité droite des murs ou le bord gauche des fenêtres ou portes sont les parties les plus favorables à occuper par les tirailleurs.

(Vue n° 11 : *Utilisation d'une haie, couché.*) Enfin les champs sont parfois limités par des haies au pied desquelles les cultivateurs réunissent peu à peu les cailloux où les mauvaises herbes qu'il arrachent de leurs propriétés.

Il en résulte qu'il y a là souvent une petite levée de terre ou de cailloux qu'on peut utiliser soit à genou, soit couché.

II

Tout ce que nous venons de voir concerne l'utilisation immédiate des obstacles ou couverts du sol, tels qu'ils existent et lorsqu'on n'a ni le temps ni les moyens pour les améliorer.

Mais dans certaines circonstances, quand on attendra l'attaque de l'ennemi sur une position reconnue à l'avance, on organisera d'abord les couverts existants pour augmenter leur valeur dé-

fensive, et on construira même de toutes pièces
des retranchements en terre.

Je vais vous donner un aperçu de ces travaux et
vous montrer comment le tirailleur utilise les
abris ainsi organisés.

(Vue n° 12 : *Utilisation d'un ressaut de terrain.*)
Lorsqu'une levée de terre est trop haute et lorsque sa pente intérieure est trop rapide pour qu'on
puisse s'y coucher, on pratique à 1ᵐ30 au dessous
de la crête un gradin assez large pour que le tirailleur puisse y placer ses pieds dans la position
debout, comme vous le voyez dans la projection.

(Vue n° 13 : *Utilisation d'un fossé plein d'eau.*)
On emploie le même procédé pour les fossés très
larges et très profonds. S'ils contiennent de l'eau,
on creuse une tranchée en arrière du fossé en
ayant soin de ne pas la faire trop profonde de
manière à ne pas atteindre la hauteur du niveau
de l'eau, car celle-ci viendrait dans la tranchée par
infiltration.

(Vues nᵒˢ 14 et 15 : *Utilisation d'une haie avec
travaux préparatoires.*) Les haies sont renforcées
par de la terre ou des pierres que l'on amasse à
leur pied en creusant le sol du côté opposé à la
direction de l'ennemi. Suivant le temps dont on
dispose et les vues que procure la position on
utilise la haie dans les positions à genou ou couché.

Dans tous les cas on débroussaille le pied des
haies pour faciliter le tir.

Les palissades ne sont pas de bons abris, car
toutes les balles traversent les planches, mais elles permettent l'appui de l'arme. On les occupe

en creusant à peu de distance de leur pied une tranchée dont on rejette la terre en avant, au pied même de la palissade ; on a ainsi un bon couvert.

Dans la première partie de la causerie, nous avons vu comment on utilise un mur lorsqu'il ne nécessite aucun travail préalable. Mais souvent on rencontrera des murs de grande hauteur, notamment lorsqu'on organisera défensivement une ferme, un village. Il faut donc savoir les mettre à profit.

(Vue n° 16 : *Utilisation d'un mur avec une banquette de tir.*) Avec des caisses, des madriers, on peut construire une banquette de la hauteur voulue pour permettre de tirer debout, comme l'indique la projection.

(Vue n° 17 : *Utilisation d'un mur avec deux étages de feux.*) Quand le mur est de grande hauteur, on peut organiser deux étages de feux. Pour cela, on ouvre à hauteur du tireur debout une rangée de créneaux pour les tireurs du rez-de-chaussée, puis à l'aide de madriers, d'échelles, ou des arbres qui peuvent exister le long du mur on construit un échafaudage pour les tireurs de l'étage supérieur.

(Vue n° 18 : *Organisation défensive d'un mur.*) Dans certains cas les tireurs de cet étage doivent même écréter ou créneler également le mur pour pouvoir tirer.

(Vue n° 19 : *Un créneau dans un mur.*) Quand on construit des créneaux dans la partie inférieure d'une muraille, il est bon de creuser en avant du mur un fossé suffisamment profond pour que l'ennemi ne puisse venir boucher les créneaux.

Enfin, quand le terrain n'offre aucun abri, il faut quelquefois en organiser de toutes pièces. On construit alors ce que l'on appelle des retranchements de campagne, qui consistent dans le creusement d'une excavation au bord de laquelle on dispose bien tassée la terre extraite du trou que l'on fait.

Le règlement indique trois types de retranchements de campagne.

(Vue n° 20 : *Tranchée ébauchée, figure du règlement sur les travaux de campagne.*) Nous avons d'abord la tranchée ébauchée dont vous voyez le profil et les dimensions sur l'écran. Elle est construite pour le tireur à genou.

(Vue n° 21 : *Tranchée normale, figure du règlement sur les travaux de campagne.*) Nous avons ensuite la tranchée normale pour tireur debout. Ces deux premiers retranchements mettent le fantassin à l'abri des balles du fusil. Il y a encore la tranchée renforcée qui permet le tir debout et qui peut résister dans une certaine mesure au canon.

(Vue n° 22 : *Tranchée renforcée, figure du règlement sur les travaux de campagne.*) Enfin dans certains cas, on construit de plus gros ouvrages, appelés ouvrages de compagnie.

Dans quelque temps nous construirons effectivement, au terrain de manœuvre, tous ces retranchements et vous pourrez apprendre *de visu* les caractéristiques de chacun d'eux.

Mais, comme je vous l'ai dit à propos des positions réglementaires du tireur, les retranchements en question ne sont que des modèles dont on s'efforcera de se rapprocher, mais que le plus souvent on ne pourra exactement copier. Ils n'ont donc rien d'obligatoire et seront modifiés suivant le terrain et le temps dont on disposera. Parfois la tranchée sera plus large et moins profonde, mais toujours le parapet devra avoir la hauteur et l'épaisseur voulues pour abriter efficacement l'occupant.

La seule règle à observer, c'est de se constituer au plus vite un couvert en creusant un trou, et en plaçant au bord de l'excavation la terre extraite.

Souvent, quelques mottes de terre et plusieurs cailloux ramassés en tas formeront en peu de temps un très bon abri pour un tirailleur isolé.

(Vues nᵒˢ 23 et 24 : *Tirailleurs occupant des tranchées.)* Voici quelques images qui vous montrent des tirailleurs occupant des tranchées creusées de diverses manières.

Enfin et pour terminer cette causerie sur l'utilisation du terrain, je vous parlerai de l'utilisation des bois.

La défense d'un bois consiste surtout dans la défense de la lisière qu'on organise le plus solidement possible. On utilise le fossé qui borde généralement le bois. On creuse une tranchée s'il n'y a pas de fossé. Enfin on rend la lisière impénétrable en reliant entre eux les arbres, soit par des branchages souples, soit par des fils de fer, ou, ce qui est encore mieux, au moyen d'abatis.

(Vue nᵒ 25 : *Abatis à une lisière de bois.)* La

projection vous montre ce qu'on appelle des abatis. Comme vous le voyez, les tirailleurs se tiennent derrière ces abatis ou la lisière enchevêtrée
et empêchent l'ennemi d'approcher.

D'après ce que je viens de vous dire, il vous
semble sans doute que je vais tirer la conclusion
suivante : A la guerre, on devra donc se tapir derrière les obstacles ou dans les tranchées et y attendre l'attaque de l'ennemi.

Eh bien, mes amis, c'est précisément tout le
contraire que je vais conclure !

Au combat, on n'a remporté la victoire que
lorsqu'on a chassé l'ennemi de sa position et
qu'on a pris sa place.

On n'occupe donc une position de tir abritée ou
un retranchement que pour produire des feux
plus puissants et plus ajustés sur l'ennemi afin de
le démoraliser, ce qui permet alors de sortir de
son abri pour s'avancer de nouveau et aborder
finalement l'adversaire à coups de baïonnette.

Au Transvaal, les Anglais subirent des pertes
énormes sous le feu des Boers, abrités dans leurs
retranchements, parce qu'ils s'avançaient à découvert sans utiliser le terrain. Ils échouèrent
ainsi dans de nombreuses attaques. Mais leurs
adversaires, malgré leurs qualités de tireurs, malgré leur patriotisme et leur adresse dans l'utilisation du sol pour se défendre, furent finalement
battus parce qu'ils ne surent pas, dès le début de
la guerre, profiter de leurs succès en sortant de

leurs tranchées et en poursuivant leurs ennemis en déroute.

Le terrain doit être exploité non seulement en vue de la défense, mais surtout en vue du mouvement en avant, de l'attaque.

C'est pour cette raison, mes amis, que lorsque nous irons aux exercices d'utilisation de terrain, je vous demanderai de vous poser toujours cette question après avoir résolu celles qui vous assureront que vous êtes bien postés :

— Comment d'ici pourrai-je encore avancer vers l'ennemi ? Quelle nouvelle position en avant vais-je aller occuper tout à l'heure ?

En l'étudiant, et surtout en appliquant la solution qu'elle vous aura suggérée, elle fera naître et affirmera dans vos cœurs la doctrine de l'offensive, condition essentielle du succès.

ÉDUCATION CIVIQUE

Si vis pacem, para bellum !

Exemples de Causeries

LE PATRIOTISME

BUT MORAL. — Le patriotisme doit animer la nation tout entière.

LES SOLDATS DE GUILLAUME II

BUT MORAL. — Aperçu sur l'organisation militaire du principal adversaire de la France. — Nécessité de l'union morale entre les chefs et les soldats.

LE PÉRIL JAUNE (La Guerre russo-japonaise)

BUT MORAL. — Aperçu sur l'évolution des peuples et l'idéal poursuivi par chacun d'eux.

LE PATRIOTISME DANS LA NATION

UN HÉROS CIVIL

*NOTA. — L'Épisode ci-après a servi de
thème à une petite pièce patriotique
jouée devant les jeunes soldats par
leurs anciens.*

LE JARDINIER DERBERGUE

(Épisode du siège de Paris 1870-71)

Après avoir vaincu les armées françaises dans
les grandes batailles du mois d'a ' 1870, les
Allemands vinrent mettre le siège   Paris.

(Vue n° 1 : *Un poste allemand surveillant la
ligne télégraphique.*) Les troupes ennemies inves-
tirent la capitale et leur état-major s'établit au
château de Versailles, relié télégraphiquement à
tous les régiments prussiens.

Dès le début, le fil électrique fut coupé. Les Allemands le rétablirent, il fut de nouveau coupé à
six reprises différentes sur le territoire de la commune de Bougival.

L'ennemi dut alors organiser un service de surveillance et de protection de la ligne télégraphique.

(Vue n° 2 : *Arrestation du jardinier Derbergue.*)

Des patrouilles nombreuses circulèrent, et l'une d'entre elles surprit un jardinier de Bougival au moment où, avec son sécateur, il coupait le fil une septième fois.

Arrêté séance tenante, il fut conduit, très malmené par la patrouille, devant l'officier commandant le poste de surveillance, pour y subir un interrogatoire.

— Comment vous appelez-vous ?

— Derbergue.

— Pourquoi avez-vous coupé nos fils télégraphiques ?

— Parce que vous êtes l'ennemi.

— Si je vous rends la liberté, recommencerez-vous ?

— Oui, parce que c'est mon devoir de Français.

Traduit devant une cour militaire, il fut condamné à mort.

La nouvelle de cette sentence jeta la consternation dans le village où Derbergue était très estimé.

(Vue n° 3 : *La municipalité offre une rançon pour la grâce de Derbergue.*) La municipalité se réunit et offrit une rançon de 10.000 francs pour sauver la vie du condamné.

Derbergue, consulté, répondit fièrement : « Donner de l'argent à l'ennemi pour obtenir ma grâce ne servirait à rien, car je recommencerais immédiatement, et ne ferais, en cela, que mon devoir de citoyen français ! »

(Vue n° 4 : *Mort de Derbergue.*) Derbergue fut fusillé ; l'officier qui commandait le peloton d'exécution voulut faire bander les yeux au condamné.

« Inutile, répondit crânement Derbergue, un Français sait voir la mort en face quand il meurt pour son pays ! »

Après avoir frappé l'imagination des jeunes soldats, l'éducateur, en exposant la nécessité du patriotisme dans l'ensemble du pays pour bouter hors de la Patrie, l'ennemi qui l'aurait envahie, démontrera le peu de résultats habituellement réalisés par les sacrifices isolés analogues à celui du jardinier Derbergue.

Il exposera que ce n'est que par la discipline et la concentration des efforts individuels dans le patriotisme, qu'on obtient le succès final.

L'éducateur dira, en outre, que le patriotisme ne consiste pas seulement à savoir mourir, mais encore, ce qui souvent est plus difficile à accomplir, à savoir souffrir, à montrer, dans les circonstances critiques, l'endurance, la cohésion, la patience, l'abnégation « qui fait se passer de pain, de feu, d'habits, qui fait coucher à la dure, recevoir la pluie à torrents, marcher dans la neige ». (P. V. Margueritte. *Histoire de la guerre de 1870-71.*)

A défaut des éléments nécessaires (scène, costumes, artistes) pour faire représenter cet épisode, l'éducateur pourra s'en inspirer, et s'aidant des vues déposées à la Société nationale des conférences populaires, en faire l'objet d'une causerie illustrée.

Les vues représentent les quatre principaux tableaux de la pièce.

LES SOLDATS DE GUILLAUME II

Conférence illustrée sur l'armée allemande ⁽¹⁾

Illustrations extraites, avec autorisation spéciale,
du journal allemand *Ueberall für Armee und Marine*,
Boll et Pickardt, 23, Georgenstrasse, Berlin.

Mes amis,

Nous voici arrivés à la fin de mars ; après quatre mois de travail assidu vous êtes désormais
aptes à entrer en campagne, prêts à vous conduire
sur le champ de bataille aussi brillamment que
vos anciens de Lützen, les conscrits de 1813.

Le moment me semble venu de vous donner un
aperçu sur l'adversaire contre lequel vous pouvez
être appelés un jour à vous mesurer : je veux
parler de l'armée allemande.

Afin de vous permettre de vous former une
opinion sur l'organisation militaire allemande, je
vais vous dire d'abord comment l'armée est recrutée ; puis, comme l'infanterie est l'arme qui vous
intéresse le plus, nous suivrons le fantassin allemand à la caserne et à l'exercice.

Enfin, je terminerai en vous donnant quelques

(1) A défaut des vues indiquées sur le texte se servir de la collection : Uniformes de l'armée allemande (Musée pédagogique).

notions sur l'artillerie, la cavalerie et l'ensemble
du mécanisme militaire allemand qui, comme
chez nous, est la nation armée.

Recrutement. — Depuis 1806, à la suite de la
défaite infligée aux Prussiens par Napoléon Iᵉʳ à
Iéna, le service militaire est obligatoire et personnel en Prusse.

La durée légale du service est de trois ans, mais
en temps normal, cette durée est réduite à deux
ans pour les troupes à pied.

Depuis 1814, l'infanterie prussienne n'a fait
trois années complètes qu'en 1848, en 1866 et 1870,
périodes pendant lesquelles l'armée prussienne
était mobilisée et faisait campagne.

Les jeunes soldats sont appelés chaque année
dans la proportion d'un homme pour cent habitants. L'appel est précédé d'un tirage au sort qui
a pour but de désigner les hommes en surnombre
du pour cent indiqué et qui viendront remplacer
les manquants ou combler les vides au fur et à
mesure qu'ils se produiront ; — 8.000 hommes
environ sont ainsi désignés par le sort.

Dans les bataillons de chasseurs à pied existe
une catégorie de jeunes soldats qui font quatre
ans de service. Ce sont ceux qui postulent pour
un emploi de garde forestier.

L'armée allemande reçoit aussi un certain nombre d'engagés volontaires, mais les jeunes gens
qui s'engagent sont, en général, très fortunés et
vont exclusivement dans les régiments de cavalerie qui portent de brillants uniformes.

Ces régiments ont, le plus souvent, le quart de leur effectif en engagés volontaires.

Il existe encore les engagés d'un an, 15.000 environ, qui ne font qu'une année de service, mais supportent les frais d'habillement, de nourriture, même de logement.

Un volontaire d'un an dans l'infanterie coûte à sa famille une somme d'environ 4.000 francs payée à l'Etat. C'est parmi ces jeunes gens que se recrute une partie des officiers de réserve.

Enfin, les sous-officiers de l'armée allemande peuvent continuer leur service en qualité de rengagés ; leur rengagement est renouvelé tous les ans.

Ils touchent une prime de 1.250 fr. au bout de douze ans de service et reçoivent un emploi civil au fur et à mesure des vacances.

Ils n'ont pas de retraite proportionnelle comme les sous-officiers rengagés français ; ils sont au nombre d'environ 80.000.

Les soldats ordonnances des officiers montés peuvent également servir comme rengagés.

(Vue n° 1 : *L'arrivée des recrues en Allemagne.*) La projection représente l'arrivée des recrues allemandes qui rejoignent généralement leur corps en détachement, vers le milieu du mois d'octobre, c'est-à-dire un mois avant l'incorporation du contingent français.

Incorporation, habillement. — Dès son arrivée à la caserne, le fantassin allemand est visité, immatriculé et affecté à une compagnie.

Il est habillé, armé et équipé, en un mot, il est procédé à son égard absolument comme lorsque vous êtes arrivés vous-mêmes au régiment.

Il reçoit quatre collections d'effets :

La collection de guerre,

La collection de parade,

La collection d'extérieur ou de sortie,

Enfin la collection d'exercice.

Dans certains corps, il est même distribué une cinquième collection complète ou non.

Je ne crois pas le soldat allemand très satisfait d'avoir autant d'effets à entretenir.

La tunique est bleu foncé, le pantalon gris de fer. Au lieu d'avoir une veste, le soldat allemand a une vareuse en molleton.

Le manteau est en drap gris bleuté d'une couleur très rapprochée de celle du pantalon de nos gardes forestiers.

Le soldat allemand possède, en outre, des effets de toile dont une veste longue qui remplit le rôle de votre bourgeron.

Enfin, comme coiffure de grande tenue et de campagne, il reçoit le fameux « casque à pointe » si légendaire ; et comme coiffure d'intérieur, une sorte de casquette d'uniforme sans visière (visière pour les sous-officiers).

Solde, nourriture. — Le soldat allemand reçoit une solde mensuelle de 13 fr. 10, payable tous les dix jours.

Sur cette solde est prélevée une certaine somme pour l'ordinaire, 0 fr. 162 par jour.

L'ordinaire est organisé par bataillon et non par compagnie. Il s'alimente par les versements individuels sur la solde dont je viens de vous parler, et d'une indemnité dite « de vivres » variable suivant la garnison ; cette indemnité est de 0.24 en moyenne par homme et par jour, elle correspond à l'indemnité de viande allouée au troupier français.

En nature, le soldat allemand touche un pain de 3 kilos tous les quatre jours. Il y a lieu de penser que le quatrième jour le pain ne doit pas être très tendre.

Les repas sont ainsi organisés : le matin, au réveil, le café noir ; à midi, repas chaud avec 200 grammes de viande ; le soir, soupe avec un plat, généralement du lard aux légumes.

Il n'y a que deux ans que les soldats allemands ont un repas le soir ; autrefois ils n'avaient qu'un seul repas fourni par l'Etat, à midi ; le soir, le soldat mangeait où il voulait et comme il pouvait.

Afin de faciliter l'envoi de provisions aux soldats par leurs familles, l'Etat a accordé une grande réduction sur le transport de ces colis par le chemin de fer.

La correspondance entre la famille et le soldat allemand est gratuite, il suffit d'indiquer sur l'enveloppe que le contenu intéresse un militaire au service.

Service intérieur : Salut. — Pour saluer ses supérieurs, le soldat allemand porte la main droite à la visière de la coiffure ; mais lorsqu'il salue son chef direct, il doit s'arrêter, lui faire face et le regarder.

(Vue n° 2 : *Exercice du salut dans la cour du quartier.*) Il salue sans s'arrêter si le supérieur rencontré, quel qu'en soit le grade, n'est pas son chef direct.

Serment de fidélité. — Peu de temps après son arrivée au corps le jeune soldat jure fidélité à l'empereur et au drapeau.

La cérémonie est précédée d'un service religieux dans les différents cultes.

(Vue n° 3 : *Serment individuel.*) Le serment est prêté sur le drapeau, l'étendard ou le canon, suivant l'arme.

Dans l'infanterie, le drapeau est placé sur un faisceau.

La formule du serment est prononcée à haute voix par un officier.

(Vue n° 4 : *Serment par fraction.*) Les hommes viennent ensuite individuellement ou en groupe, lèvent la main et jurent fidélité.

Punitions. — Les punitions qui peuvent être infligées aux soldats allemands comprennent comme chez nous :

Des punitions légères : consigne au quartier, consigne à la chambre, tour de garde supplémentaire ;

Et des punitions graves : arrêts de rigueur ou prison, arrêts sombres ou cellule.

Pour subir ces deux dernières sortes de puni-

tions le soldat est enfermé dans un local individuel ; il ne reçoit qu'un repas chaud tous les quatre jours, les trois autres jours il est au pain sec
et à l'eau.

Pour fautes graves répétées, le soldat est mis de
deuxième classe, il n'a plus alors le droit de porter
la cocarde à sa coiffure.

Service religieux. — Une fois par mois, le soldat
doit, obligatoirement, assister au service religieux
de son culte.

Dans les centres militaires importants existent
des églises dites de garnison, spécialement attri-
buées à l'armée.

Les jours de fêtes religieuses, il est commandé
une délégation militaire, sorte de piquet, pour
assister à l'office.

Enfin, dans les corps de garde, la prière du soir
doit être récitée à une heure déterminée. Pour
cette cérémonie journalière la garde sort en armes
et se met à genoux devant le poste.

Instruction. — Voyons, maintenant, le fantassin
allemand à l'exercice.

Comme chez nous, dès le début, l'instruction est
faite individuellement.

Voici quelques vues susceptibles de vous donner
une idée de ces exercices.

(Vue n° 5 : *Exercice d'assouplissement individuel
à volonté.)* Les instructeurs s'efforcent, d'abord,
par des exercices de gymnastique nombreux et
variés, d'assouplir le jeune soldat.

(Vue n° 6 : *Exercice d'assouplissement ensemble.)* Les instructeurs allemands attachent une grande importance à l'attitude générale de l'homme auquel ils parviennent à donner l'aspect rigide qui caractérise le soldat allemand.

(Vue n° 7 : *Attitude de la tête et du corps.)* Voici un instructeur qui place lui-même la tête d'un jeune soldat sans doute réfractaire à toutes les explications verbales.

Le maniement d'arme comprend deux mouvements :

L'arme sur l'épaule gauche et présenter l'arme.

Ces mouvements doivent être exécutés sans décomposer et en escamotant tous les détails.

(Vue n° 8 : *Maniement d'arme.)* Voici une classe exécutant le maniement d'arme sous la surveillance d'un jeune officier ; au dernier plan on voit un soldat ayant l'arme sur l'épaule gauche.

(Vue n° 9 : *Présenter les armes.)* Voici une autre classe qui présente les armes. Ce mouvement ne sert que pour rendre les honneurs. Vous remarquerez que les hommes tournent la tête du côté du chef qui inspecte la troupe ; ils doivent suivre ce chef des yeux jusqu'à ce qu'il soit suffisamment éloigné.

(Vue n° 10 : *Gymnastique d'application, escalade.)*

(Vue n° 11 : *Assouplissement pour le tir.)* Le soldat allemand exécute aussi des mouvements d'assouplissement avec le fusil ; ces exercices ont surtout pour but d'habituer les bras au poids de l'arme en vue de l'instruction du tireur.

Cette dernière partie de l'instruction est parti-culièrement soignée.

(Vue n° 12 : *Instruction du tireur, pointage sur chevalet.*) Les premiers exercices consistent comme chez nous en des séances de pointage, l'arme étant placée sur un sac de sable porté par un trépied en bois (pointage sur le chevalet).

Le tir à la cible a lieu dès les premiers jours avec des cartouches réelles. Chaque garnison possède un ou plusieurs stands bien aménagés à proximité des casernes.

Une cible est attribuée à chaque compagnie et laissée à son entière disposition, le soldat tire sous la surveillance directe et avec les conseils de son officier de peloton.

Tous les ans des récompenses sont décernées aux meilleurs tireurs sous forme de souvenirs : montres, pipes, porte-cigares, etc., portant une inscription spéciale rappelant le corps et l'impor-tance du prix décerné.

Une somme de 125 francs est allouée annuelle-ment pour ces achats à chaque bataillon.

L'instruction théorique est donnée sous forme de causeries très simples ; les soldats sont répartis en classes d'anciens et en classes de jeunes.

C'est un officier de la compagnie qui dirige cette instruction.

Service en campagne. — L'enseignement du ser-vice en campagne commence dès le premier mois de l'arrivée au corps qui a lieu vers le milieu d'oc-tobre, comme je vous l'ai dit tout à l'heure.

Les premiers exercices visent uniquement l'instruction individuelle du fantassin comme éclaireur, sentinelle et patrouilleur. L'utilisation du terrain, pour s'avancer ou se poster, est l'objet de l'attention de tous.

Les instructeurs s'efforcent, dans ces exercices, de développer chez les hommes l'esprit d'audace, d'offensive et d'initiative qui leur a si bien réussi en 1870.

La compagnie d'infanterie allemande. — La compagnie d'infanterie allemande comprend habituellement 4 officiers et 150 soldats : le capitaine ou hauptmann, 3 lieutenants ou seconds lieutenants, 18 sous-officiers de divers grades (il n'y a pas de caporaux), enfin 150 soldats.

Dans les garnisons frontières de France et de Russie, l'effectif de la compagnie est renforcé, il comprend alors 5 officiers et 175 soldats. La compagnie allemande mobilisée est de 250 fusils.

(Vue n° 13 : *Formation de la compagnie allemande*) (1). Elle comprend trois sections (ou peloton), chaque section est commandée par un officier. Elle se forme en ligne, les sections l'une à côté de l'autre, ou en colonne, les sections l'une derrière l'autre.

Vous remarquerez que pour passer de la ligne à la colonne le mouvement se fait sur la section du centre, la section de droite est la seconde dans la colonne, la section de gauche la troisième.

(1) A dessiner sur verre et à projeter.

Bataillon et régiment. — Le bataillon allemand comprend quatre compagnies, il a son drapeau et sa fanfare. Le régiment comprend trois bataillons.

Le chef d'un bataillon s'appelle major, le colonel d'un régiment s'appelle oberst.

Formation de combat. — Pour combattre, l'infanterie allemande se forme en tirailleurs appelés schützen, très espacés à quatre ou cinq pas ; les tirailleurs utilisent tous les couverts pour gagner le plus de terrain possible en avant.

Lorsque le feu de l'ennemi les arrête, ils se postent derrière les obstacles ou abris et ouvrent le feu.

En arrière d'eux et à 250 ou 300 mètres, marchent des sections ou demi-sections groupées appelées soutiens (unterstützungstrupp), destinées à renforcer progressivement la première ligne de tirailleurs.

(Vue n° 14 : *Formation de combat, schéma)* (1). Plus en arrière de ces soutiens, viennent des compagnies de réserve, et plus en arrière encore, des bataillons disponibles, tous destinés à l'alimentation de la ligne de feu et à donner le choc final à la position ennemie par l'assaut général : le stürmenlauf.

Les soutiens et les réserves s'avancent en même temps que la ligne de tirailleurs afin d'être toujours prêts à l'appuyer.

Mais pour cela, ils évitent les terrains décou-

(1) À dessiner sur verre et à projeter.

verts, profitent des ravins de tous les chemine-. ments, né quittent un abri que pour en gagner un autre plus avancé.

Le plus souvent, cette marche s'exécute, homme par homme, chaque fraction se disloquant pour traverser le terrain dangereux et se reformant derrière le nouvel abri.

(Vue n° 15 : *Ligne de tirailleurs couchée derrière une crête.*) Le règlement allemand recommande de prendre presque toujours la position couchée qui est la moins vulnérable de toutes. Voici précisément une ligne de tirailleurs couchée derrière une crête, on ne voit que les casques à pointe.

(Vue n° 16 : *Soutien abrité.*) Voici une autre vue représentant une fraction de soutien abritée derrière un ressaut de terrain ; la ligne de combat en avant est également couchée.

Inspection de l'instruction. — Aux premiers beaux jours, lorsque l'instruction est terminée, les soldats allemands sont examinés par leurs chefs : cet examen est passé par le colonel du régiment qui interroge chaque homme et voit successivement toutes les compagnies.

(Vue n° 17 : *Revue de printemps.*) Les officiers instructeurs sont présents ainsi que des officiers des autres armes, artilleurs ou cavaliers s'il en existe dans la garnison. Une belle revue clôture cette inspection.

Camps d'instruction et manœuvres. — Le reste de l'année l'instruction est continuée par de nombreux exercices de marche et de tir dans des camps d'instruction où les troupes stationnent une partie de la belle saison. Enfin, comme en France, l'année militaire se termine par de grandes manœuvres d'automne présidées généralement par l'empereur (le kaiser).

Régiments d'infanterie et chasseurs. — L'infanterie allemande comprend 216 régiments d'infanterie et 19 bataillons de chasseurs à pied.

Armement. — Vous voilà à peu près renseignés sur l'instruction donnée aux fantassins allemands ; il est aussi intéressant pour nous de savoir quelle est l'arme dont ils disposent.

Le fusil allemand est du calibre de 8 millimètres.

(Vue n° 18 : *Le fusil allemand.*) Il ne possède pas de magasin comme le nôtre, mais il utilise pour le tir à répétition un chargeur dans le genre du système adopté pour la carabine des cavaliers français. Actuellement, il existe entre les mains des fantassins allemands deux modèles de fusil tirant la même cartouche.

Le plus ancien, modèle 1888, porte un manchon métallique enveloppant entièrement le canon pour en éviter l'échauffement.

Dans le nouveau modèle on a supprimé le manchon et on a renforcé le canon.

Le fusil allemand est une très bonne arme de guerre. Sa balle se comporte à peu près comme la balle du fusil Lebel (ancien modèle) ; mais vous savez que notre fusil va être muni d'une nouvelle cartouche à trajectoire extrêmement tendue. Nous aurons ainsi une grande supériorité sur l'armement de nos adversaires.

Le soldat allemand possède une baïonnette qu'il place au bout de son fusil au moment de l'attaque.

Artillerie. — Jetons maintenant un coup d'œil rapide sur les autres armes de l'armée allemande, artillerie et cavalerie.

L'artillerie comprend, comme chez nous, de l'artillerie de campagne et de l'artillerie lourde (à pied).

L'artillerie de campagne est répartie dans les divisions d'infanterie, il n'existe donc pas d'artillerie de corps d'armée comme chez nous (1).

(Vue n° 19 : *Le canon allemand au combat.)* Le matériel comprend le canon de campagne modèle 96, de 77 millimètres, et l'obusier léger de 105 millimètres ; il y a 72 pièces dans une division d'infanterie et, par conséquent, 144 pièces dans le corps d'armée de deux divisions.

L'artillerie à pied sert des pièces lourdes, l'obusier de 15 centimètres. (Vue n° 20 : *L'artillerie lourde de 15 centimètres allemande.)*

Jusqu'à l'an dernier l'artillerie allemande n'a pas voulu suivre les progrès réalisés par l'artillerie

_____

(1) Une modification relative à l'artillerie de corps vient d'être apportée à l'organisation française.

française depuis sept ans déjà, en créant notre canon de 75 sans recul.

Aussi, tandis que notre canon peut tirer 25 coups ajustés à la minute, le canon allemand actuel ne peut en tirer que 6 ou 8.

A chaque coup le canon allemand se soulève, se cabre, pour ainsi dire, en prenant appui sur la crosse de l'affût enfoncée en terre. La pièce retombe alors sur le sol, mais elle est dépointée, il faut repointer.

Les Allemands sont donc dans une infériorité notoire vis-à-vis de nous à ce point de vue.

Mais, actuellement, ils étudient des pièces nouvelles et il faut s'attendre à les voir, un de ces jours, réorganiser leur matériel d'artillerie en adoptant, comme toutes les autres puissances qui ont imité la France, des canons sans recul.

Cependant cette transformation leur demandera du temps et surtout beaucoup d'argent ; nous garderons donc encore longtemps notre supériorité actuelle.

Les mitrailleuses allemandes. — Depuis deux ans les Allemands ont adopté un engin nouveau : la mitrailleuse automatique.

(Vue n° 21 : *La mitrailleuse allemande.)* La mitrailleuse allemande, inventée par l'Américain Maxim, consiste en un canon de fusil monté sur une espèce de traîneau que l'on porte ou l'on traîne sur le champ de bataille ; l'engin pèse 32 kilos.

Le chargement est assuré par la force du recul du coup précédent. Les cartouches disposées sur des rubans se présentent successivement à l'entrée du canon.

(Vue n° 22 : *Une batterie de mitrailleuses au combat.*) La vitesse de tir est considérable, 450 à 500 coups à la minute. Pour éviter l'échauffement du canon, un manchon rempli d'eau l'entoure.

Le tir est excessivement précis, toutes les balles tombent presqué au même point ; aussi, quand on connaît la distance, cet armement produit des effets meurtriers considérables.

Mais cinquante mètres d'erreur dans l'évaluation de la distance suffisent pour que les résultats soient négatifs, que toutes les cartouches soient brûlées en pure perte.

La mitrailleuse est donc un engin d'un emploi très délicat, bon, surtout, quand on veut défendre un défilé, et lorsqu'on a repéré exactement la distance.

Enfin, c'est un mangeur de cartouches qui nécessite un approvisionnement de munitions considérable.

Les mitrailleuses sont à l'étude chez nous aussi, mais je crois bien qu'on n'en donnera qu'aux troupes de montagne et à la cavalerie.

En tout cas, si jamais nous sommes exposés au feu des mitrailleuses allemandes, rappelons-nous qu'il suffit d'un très petit déplacement pour sortir du terrain dangereux.

Les mitrailleuses allemandes sont organisées en batteries de 6 pièces.

Actuellement il en existe 16 batteries dans l'armée allemande.

Cavalerie. — La cavalerie allemande est nombreuse et bien montée ; elle comprend : 14 régiments de cuirassiers, carabiniers ou reiters (grosse cavalerie) ; 25 régiments de uhlans ; 54 régiments de dragons ou de hussards (cavalerie légère) ; soit 93 régiments à 4 escadrons.

Elle peut donc mettre en ligne 372 escadrons de 150 chevaux chacun.

Comme chez nous, elle est considérée comme l'œil de l'armée.

C'est l'arme de la découverte chargée de recueillir et de donner au général en chef les renseignements sur l'ennemi, qui lui permettront de prendre ses déterminations en connaissance de cause.

Corps d'armée. — Dès le temps de paix, l'armée allemande est organisée en corps d'armée comprenant toutes les armes.

Il y a 23 corps d'armée. Chaque corps d'armée comprend : Deux ou trois divisions d'infanterie et les services d'état-major, d'intendance, de santé, etc., etc., nécessaires.

Chaque division d'infanterie comprend : deux ou trois brigades d'infanterie, chacune de 2 régiments à 3 bataillons ; une brigade de cavalerie à 2 régiments ; une brigade d'artillerie, 12 batteries de 6 pièces ; un détachement du génie, du service de santé, etc.

Le corps d'armée allemand mobilisé comprend environ 35.000 hommes, 3.000 cavaliers, 144 canons.

Réserves. — Vous avez vu que le service militaire actif est d'une durée de trois ans, réduite à deux ans pour les troupes à pied.

Mais, après son renvoi dans ses foyers, le soldat allemand est classé successivement :

1° Dans la réserve de l'armée active, quatre ans ;

2° Dans la landwehr, 1er ban, cinq ans ;

3° Dans la landwehr, 2e ban (armée territoriale), huit ans.

Il doit le service militaire jusqu'à l'âge de qua‑ rante ans.

Enfin, en cas de levée en masse, une nouvelle catégorie, le landsturm, amènerait sous les dra‑ peaux les jeunes gens de dix-sept à vingt ans, et les hommes mûrs de quarante à quarante-cinq ans (personnel non atteint par la loi militaire).

Le landsturm n'est pas organisé en temps de paix, mais la mobilisation de tout le personnel atteint par la loi militaire et du matériel qui lui serait nécessaire est prévue et préparée dans ses moindres détails.

Les approvisionnements en effets, armes, vivres, sont constitués pour le chiffre formidable de qua‑ tre millions d'hommes.

Esprit général de l'armée allemande. — Comme vous le voyez, l'organisation militaire allemande est portée à son maximum de puissance.

L'armée active est bien instruite et bien entraî‑ née ; le soldat est, en général, animé d'un grand patriotisme.

Cependant, si l'on en croit les journaux et

publications qui nous viennent d'outre-Rhin, la discipline serait loin d'être paternelle et le soldat allemand supporterait de nombreuses vexations, parfois même subirait de mauvais traitements ; il obéit à ses chefs parce qu'il y est contraint, mais il ne les aime pas, souvent il les déteste.

Cette situation morale de l'armée allemande provient surtout de l'état d'esprit qui règne dans le corps des officiers.

(Vue n° 23 : *Un état-major allemand.)* En Allemagne, les officiers sont exclusivement recrutés dans la noblesse ou la riche bourgeoisie ; un enfant du peuple, quelles que soient son intelligence, son instruction et son éducation, ne peut devenir officier.

S'estimant d'une extraction supérieure, les officiers allemands traitent souvent leurs subordonnés, leurs soldats avec dédain. Ils forment entre eux, du reste, une véritable caste fermée, n'ayant que fort peu de rapports avec la nation allemande.

S'ils sont honorés dans les hautes sphères, ils sont, par contre, généralement détestés par le peuple qui forme la masse de l'armée.

Plusieurs ouvrages, publiés récemment, montrent, en outre, ce qu'est actuellement le niveau moral du corps d'officiers allemands.

Au lieu d'être des modèles de conduite, de tenue, des éducateurs, en un mot, les officiers allemands constitueraient, au contraire, un milieu dépravé, véritable foyer d'immoralité et d'orgies.

Ces indications sont peut-être très exagérées, mais il n'en est pas moins vrai qu'entre les officiers et les soldats, existe un immense fossé qui se creuse de plus en plus.

L'ensemble de l'armée allemande ne forme donc pas un tout bien uni et cette division morale est une grande cause de faiblesse :

« Le soldat allemand n'aime pas son chef, il n'a pas confiance en lui ! »

Eh bien, mes amis, c'est cette situation spéciale que nous, chefs et soldats français, devons exploiter afin de regagner, par la supériorité morale, l'avance que l'Allemagne prend sur nous chaque jour davantage par le nombre de ses soldats.

C'est en nous sentant bien les coudes, en nous aimant réciproquement, en opposant à l'état moral actuel de l'armée allemande un milieu de vertus, d'attachement et d'union dans le sacrifice, que le jour du danger nous entraînerons derrière nous, vibrante de patriotisme, la nation française tout entière, et que nous remporterons le succès.

LE PÉRIL JAUNE

(Guerre russo-japonaise)

Conférence avec projections lumineuses [1]

Illustrations extraites, avec autorisation spéciale,
de l'*Illustration, Monde illustré, Petit Parisien illustré*

Mes amis,

Depuis un an, les regards du monde entier sont dirigés vers l'Extrême-Orient, où le canon s'est fait brusquement entendre.

Nous autres, Français, sommes très attentifs aux événements qui se déroulent là-bas pour deux raisons : La première, c'est que parmi les belligérants sont nos alliés, les Russes, et que, tout naturellement, nous nous intéressons vivement au sort de nos amis. La seconde, c'est que nous avons de gros intérêts dans cette partie du monde où nous possédons la grande et belle colonie de l'Indo-Chine.

L'objet de ma causerie, ce soir, est de vous donner un aperçu sur les deux adversaires, Japon et Russie, de vous exposer les raisons pour lesquelles ils se font la guerre, enfin de vous mettre au

---

[1] A défaut des vues indiquées dans le texte, se servir des collections Japon-Chine-Russie (Musée pédagogique).

courant des opérations militaires connues jusqu'à
ce jour.

Je vais d'abord vous conduire au Japon.

(Vue n° 1 : *Carte générale.*) Le Japon est formé
d'un chapelet d'îles qui longe la côte est du continent asiatique, et que l'on voit teinté en gris sur la
carte.

Sa surface est environ les quatre cinquièmes de
celle de la France. Sa population est de quarante-
cinq millions d'habitants.

C'est un pays montagneux d'origine volcanique,
sujet à de fréquents tremblements de terre.

Le climat y est sain, mais il est plus froid que
celui des pays d'Europe situés sous la même lati-
tude.

Le sol est fertile ; dans les régions agricoles on
récolte surtout du riz ; dans les régions monta-
gneuses on trouve de la houille, du fer et du
cuivre.

En raison de sa situation insulaire, le Japon est
un pays essentiellement maritime.

(Vue n° 2 : *Un paysan nippon.*) Les habitants
sont petits, ils ont le teint jaune et les yeux fen-
dus ; ils appartiennent à une branche de la race
jaune : les *Mongols.* Ils sont intelligents, actifs,
travailleurs. La projection représente un paysan
nippon se rendant à son travail ; il porte le manteau de paille qui constitue le vêtement national.

Depuis très longtemps, la Chine avait transmis
sa civilisation et sa religion au Japon. Mais ce
pays, comme la Chine, du reste, se tint rebelle

au progrès européen, et fut ainsi dominé par un système féodal analogue au mandarinat chinois jusqu'en 1869. A cette époque, une grande révolution le précipita dans la civilisation occidentale.

C'est l'intervention européenne qui fut la cause du mouvement révolutionnaire.

En 1855, le Japon, jusqu'alors hermétiquement fermé aux étrangers, avait enfin ouvert quelques ports aux puissances européennes et américaine ; mais le peuple japonais massacra les étrangers arrivés chez lui.

Les flottes française, anglaise et américaine vinrent, en 1864, demander raison de ces massacres, et après avoir bombardé plusieurs ports, obtinrent réparation. C'était une grande humiliation faite à l'orgueil national. Le peuple en fit retomber la faute sur le gouvernement féodal appelé le *sohgoun*, alors régnant, qui fut renversé.

(Vue n° 3 : *Mutsouhito.*) Un jeune empereur âgé de seize ans, Mutsouhito, qui règne encore, dont vous voyez le portrait sur l'écran, ressaisit le pouvoir et résolut de faire de son pays une nation civilisée à l'européenne.

(Vue n° 4 : *L'armée japonaise ; uniformes à l'européenne.*) Il commença par prohiber les costumes traditionnels de l'armée et des fonctionnaires analogues à ceux dont vous voyez l'image pour adopter les uniformes européens.

En 1871, la féodalité fut abolie. En 1872, fut ouvert le premier chemin de fer. On adopta notre calendrier, on accueillit la photographie et la vaccine. En 1878, une bourse et un tribunal de commerce furent créés à Tokio. En 1885, la justice fut organisée comme en Europe et les étrangers furent jugés par les tribunaux japonais, ce qui n'avait pas lieu auparavant,

Enfin, en 1889, le pays reçut une constitution, c'est-à-dire une loi qui règle les pouvoirs de l'empereur et du Parlement japonais.

(Vue n° 5 : *L'empereur du Japon jure fidélité à la Constitution de 1889.*) Voici comment fonctionne, actuellement cet organisme politique importé de toutes pièces de l'Europe. La souveraineté appartient à l'empereur, le pouvoir législatif appartient à la Chambre des pairs et à la Chambre des députés.

L'empereur est chargé du pouvoir exécutif, mais il peut aussi suspendre ou dissoudre les Chambres. Il est le chef des armées de terre et de mer.

Le peuple a la liberté de parler et d'écrire, et le droit d'association.

Tous les citoyens ne sont pas électeurs comme chez nous.

(Vue n° 6 : *Un électeur japonais.*) N'est électeur que celui qui paie un impôt d'environ 40 francs au moins et est âgé de vingt-cinq ans. Il faut croire que dans ce pays il n'y a pas de grandes fortunes, ni même de moyennes, car sur 45 millions d'habitants, il n'y a que 500.000 électeurs, soit un électeur par 50 hommes âgés de vingt-cinq ans au moins.

Pour être élu député au Japon, il faut avoir trente ans.

La Chambre des députés japonaise n'exerce pas comme la nôtre un contrôle sur les actes du gouvernement.

Les ministres sont indépendants du gouvernement, ils ne relèvent que du mikado.

Cependant la Chambre peut refuser les crédits du budget annuel. C'est ce qu'elle fit, du reste, en 1898.

Elle fut dissoute par l'empereur, mais les élections nouvelles ayant ramené les mêmes députés, le ministère japonais dut être changé par le mikado.

C'était, comme vous le voyez, un véritable coup d'Etat qui donne désormais à la Chambre des députés une autorité qu'elle ne possède pas constitutionnellement.

N'ayant pas d'enfant d'un mariage légitime, l'empereur du Japon a proclamé comme héritier impérial un fils naturel.

Mais la transformation politique n'a pas amené une transformation complète des mœurs, et le Japon ancien se retrouve souvent derrière les institutions nouvelles.

(Vue n° 7 : *Un fonctionnaire japonais actuel.*) Ainsi, vous voyez un fonctionnaire japonais prenant sa grande tenue officielle européenne, mais comme il porte rarement des chaussures, il se demande, avec anxiété, comment il va marcher lorsqu'il aura les pieds emprisonnés dans les bottines que lui présente son domestique.

(Vue n° 8 : *Les Japonais habillés à l'européenne mais portant le manteau de paille.*) Le plus sou-

vent, on rencontre dans les rues de beaux mes-
sieurs vêtus à la dernière mode parisienne, mais
sans souliers, avec le chapeau pointu et le manteau national en paille, manteau que vous avez
déjà vu tout à l'heure sur le dos du paysan nippon.

Les Japonais qui se targuent le plus de moder-
nisme portent le chapeau haut-de-forme que vous
appelez vulgairement « le tuyau de poêle », mais
cette coiffure leur sert surtout de récipient pour
mettre les menus achats qu'ils font au bazar ou
au marché.

C'est donc avec raison qu'un diplomate a dit :
« Le Japon est une traduction mal faite. »

Si l'assimilation n'est guère complète au point
de vue des mœurs, elle est, on peut dire, entière,
au point de vue industriel et commercial, et cela
constitue un gros danger pour la vieille Europe,
danger que l'on appelle « le péril jaune économique ».

En effet, le gouvernement japonais a poussé avec
une étonnante activité le développement industriel et commercial du pays nippon.

Voici, en vingt ans, les progrès réalisés par
lui :

En 1884, le Japon n'a que 117 kilomètres de
chemins de fer ; en 1903, il en a 7.000 kilomètres.

En 1884, il existe 20 usines avec 20.000 ouvriers ;
en 1903, il y en a 3.200 avec 300.000 ouvriers.

En 1884, il y a juste 24 fabriques ; maintenant
il y en a plus de 6.000 de tous genres.

Savez-vous combien l'on paie les ouvriers de ces usines, de ces fabriques ?

72 centimes par jour pour les hommes (moins de 15 sous) ; 46 centimes par jour pour les femmes (neuf sous).

Nous sommes loin des 5 et 6 francs payés journellement en moyenne aux ouvriers européens.

Eh bien ! mes amis, voilà où réside ce péril jaune signalé par tous les économistes actuels.

La vieille Europe s'efforce de s'ouvrir des débouchés commerciaux en Chine, et dans les divers pays d'Asie où elle puisse écouler les produits de ses usines et de ses manufactures.

Mais l'activité japonaise, par une redoutable concurrence, va se substituer peu à peu à elle.

Par leur perfection, les produits japonais valent ceux de l'Europe et le Japon les offre dès maintenant à moitié prix.

En effet, comme je vous l'ai démontré tout à l'heure, la main-d'œuvre laborieuse, au Japon, se contente d'un salaire dérisoire par rapport aux salaires européens, et comme le Japon se trouve sur les lieux, il n'y a pas de frais de transport. Dégrevée du prix du salaire et du fret, la marchandise japonaise s'offre aux acheteurs asiatiques à de bien meilleures conditions que les mêmes marchandises provenant de l'Europe.

Que deviendront les industriels et surtout les ouvriers européens, dans ces conditions ?

« Ils seront réduits à la famine au milieu de leurs machines et objets manufacturés. »

Bien plus, si l'on n'arrête pas le Japon, une

7

foule d'usines vont être créées par la race jaune entière, et non seulement l'Europe n'aura plus rien à fournir à l'Asie, mais ce sera l'Asie qui inondera à son tour les marchés d'Europe.

On a aussi montré le danger existant dans l'exode vers les chantiers européens des travailleurs jaunes qui viendraient enlever le travail à nos ouvriers.

On a également parlé d'un péril jaune militaire consistant dans l'organisation de puissantes armées d'Asiatiques, conduites par les Japonais et les Chinois, contre la vieille Europe, renouvelant ainsi l'invasion des Huns, d'Attila.

Mais ces dangers, pour le moment du moins, sont purement théoriques. Actuellement, le péril réel, tangible à tous, réside dans l'évolution économique du Japon, et ce péril suffit, car il est grand.

Il semble que le gouvernement japonais a compris, depuis longtemps déjà, la magnifique situation économique qu'il peut se créer en Chine et de laquelle résultera fatalement pour lui la suprématie politique.

Prévoyant une période de conquête vis-à-vis de la Chine et aussi de lutte vis-à-vis des puissances européennes rivales, le premier soin du Japon modernisé fut de se constituer une sérieuse armée de terre et de mer.

Pour y parvenir, il s'imposa de lourds sacrifices pécuniaires. Sa dette s'éleva, en trente-quatre ans, de douze millions de francs à un milliard et demi, et cela après avoir touché de la Chine, en 1894, une contribution de guerre d'un milliard environ.

Il fit appel aux ingénieurs et officiers européens qui lui organisèrent de toutes pièces une flotte et une armée capables de se mesurer avantageusement avec un adversaire occidental.

(Vue n° 9 : *Théâtre des opérations.*) Il crut le moment venu de commencer l'exécution de son programme politico-économique en 1894. Bien renseigné sur le manque complet d'organisation ·de la Chine et se rendant un compte exact de sa propre supériorité militaire, il était désireux d'essayer ses forces aux dépens d'une rivale qui avait toujours affecté de le traiter de haut.

Il en trouva l'occasion dans le conflit que soulevaient les relations des deux Etats avec la Corée sur laquelle chacun d'eux prétendait à la suzeraineté.

La Chine fut battue sur terre et sur mer et sentit sa capitale sérieusement menacée. Elle dut accepter les dures conditions du Japon.

Ces conditions furent les suivantes :

1° La suzeraineté de la Corée appartient au Japon ;

2° La Chine cède au Japon l'île de Formose, le point important de Port-Arthur à l'entrée du Pe-Tchi-Li. Enfin, elle doit lui payer près d'un milliard d'indemnité. En attendant le versement de cette somme le Japon a le droit d'occuper un autre point très important en face de Port-Arthur, le port de Weï-Haï-Weï.

Mais ce traité portait ombrage aux grandes puissances européennes, car il conférait au Japon des avantages de pénétration considérables, et surtout, il lui livrait les clefs du golfe du Pe-Tchi-Li.

Aussi trois d'entre elles : la France, la Russie et l'Allemagne s'entremirent, tandis qu'une quatrième, l'Angleterre, se réservait, sans doute pour faire pièce à la Russie et déjà s'attirer les bonnes grâces du Japon.

La Russie, entre autres, offrait des fonds à la Chine pour payer l'indemnité de guerre due au Japon, et, en revanche, demandait l'autorisation de s'établir à Port-Arthur.

Cette pression étrangère amena le Japon à réduire ses prétentions, il perdit même presque tous ses avantages, comme vous allez le voir.

A la suite de ces événements, chacune des puissances européennes sus-indiquées obtint de la Chine les concessions suivantes :

Le Japon abandonna Port-Arthur qui fut loué aux Russes.

Il abandonna Weï-Haï-Weï qui fut cédé à l'Angleterre.

La France obtint une parcelle de la côte près de l'île de Haï-Nan, non loin du Tonkin, le Kouang-Tchéou.

Enfin, la Corée était reconnue Etat indépendant et neutre.

De ses succès militaires, il ne restait donc au Japon que l'île de Formose et l'indemnité de guerre. Il était complètement expulsé du continent chinois, et n'avait plus de base pour appuyer son expansion asiatique.

C'était, vous le concevez facilement, une profonde humiliation pour le Japon qui en ressentit une violente indignation. Dès le lendemain de ces événements il jura de prendre sa revanche, et se donna comme mission essentielle d'augmenter le plus possib'e sa puissance militaire.

Il décida de consacrer à cette organisation le milliard versé par la Chine, et d'augmenter peu à peu son budget annuel en dépenses d'ordre militaire.

C'est ainsi que depuis les huit dernières années les Japonais ont engagé dans ce but plus de deux milliards de francs.

Ils ont doublé leurs effectifs, transformé leur armement et organisé la mobilisation de leurs forces, suivant le système des grandes nations européennes.

Sur le pied de guerre, l'armée comprend ainsi 12.000 officiers et 400.000 soldats, 1.200 canons. La flotte qui, en 1894, comprenait : 1 cuirassé, 3 garde-côtes, 7 croiseurs, comprend maintenant (1) : 8 cuirassés, 21 croiseurs, 10 garde-côtes, 15 contre-torpilleurs, 80 torpilleurs ; le tout des modèles les plus récents.

Pendant que cette réforme s'opérait. la question chinoise était de nouveau ouverte en 1900, par le soulèvement boxer. Vous vous souvenez tous qu'une armée internationale fut organisée et marcha sur Pékin pour délivrer les légations assiégées dans la capitale chinoise.

La France fournit une division dans la consti-

(I) Au début de la guerre.

tution de cette armée qui comprenait, en outre,
des Allemands, des Italiens, des Anglais, des
Américains, et aussi des Japonais.

En coopérant à la répression du soulèvement
boxer, le Japon voulait ainsi affirmer sa puissance
militaire et politique.

A la suite de cette campagne, les puissances
européennes obtinrent de nouveaux privilèges.

La Russie, entre autres, fut autorisée à occuper
la Mandchourie, pays sur lequel le Japon avait
jeté son dévolu depuis lóngtemps, dont il avait
même déjà fait la conquête en 1894, et qu'il avait
été obligé de rendre, ainsi que je vous l'ai dit
tout à l'heure.

L'installation des Russes aux portes de Pékin,
sur un territoire arrosé du sang japonais, consti-
tuait une grosse déception pour le mikado. L'orgueil japonais s'en trouva profondément humilié.

On pouvait donc, depuis cette époque, prévoir
la lutte qui vient de s'ouvrir précisément à propos de la Mandchourie, entre la Russie et le Japon.

Passons maintenant en Russie.

L'empire de Russie, mes amis, s'étend sur toute
la partie nord de l'ancien continent. La partie
située en Europe s'appelle la Russie d'Europe,
celle située en Asie s'appelle la Sibérie..

L'immensité de cet empire est telle qu'on dit
vulgairement que le soleil ne se couche pas sur
lui. Quand il fait nuit à Saint-Pétersbourg, il fait
jour à Vladivostok, à l'autre extrémité.

Vous pouvez ainsi vous faire une opinion sur

l'immense disproportion territoriale existant entre la Russie et le Japon.

(Vue n° 10 : *Le tsar.*) C'est sur ces grands espaces que règne le tsar Nicolas II, l'ami de la France, dont vous avez le portrait sous les yeux et que quelques-uns d'entre vous ont peut-être vu, lors du voyage qu'il fit dernièrement chez nous.

Je n'entrerai pas, à propos de la Russie, dans des détails aussi nombreux que je l'ai fait pour le Japon, car, depuis une douzaine d'années, on a tant parlé des Russes et de leur amitié pour la France, que vous en connaissez certainement le pays et les mœurs.

(Vue n° 11 : *Uniformes de l'armée russe.*) Je me bornerai à vous exposer succinctement l'idéal poursuivi par la politique russe afin de vous faire saisir les raisons du conflit actuel avec le Japon. Depuis deux cent cinquante ans, la Russie cherche une mer libre.

La mer Baltique et la mer Noire, qui la baignent en Europe, sont de véritables lacs fermés, et les flottes qu'elle y entretient sont, comme on dit, en bouteille.

Au courant du siècle dernier, elle avait cru trouver la solution en s'emparant de Constantinople.

La guerre de 1854, en Crimée, à laquelle prit part le régiment ; celle de 1877, en Turquie, eurent lieu à cette occasion.

Un instant, elle put espérer avoir réussi dans son entreprise, mais les puissances européennes s'entremirent et lui firent perdre ses avantages en lui fermant, pour le moment du moins, le passage du Bosphore.

Il est curieux de constater ainsi qu'après la guerre de 1877, il était arrivé aux Russes exacte- ment la même chose qu'aux Japonais après leur expédition en Chine en 1894.

Repoussée de Constantinople, la Russie se tourna d'un autre côté, vers les mers d'Asie.

(Vue n° 12 : *Vladivostok.)* Depuis longtemps, elle avait créé, sur les mers du Japon, un port important : Vladivostok. Elle résolut, alors, de réunir ce port à la Russie européenne par une immense voie ferrée : le Transsibérien.

Cette ligne, achevée il y a deux ans environ, a plus de 7.000 kilomètres depuis Saint-Pétersbourg. Grâce à elle, on va maintenant de Paris au Japon en quinze jours, tandis qu'il fallait, autrefois, quarante-cinq jours de traversée.

Mais Vladivostok n'est pas sur la mer libre, d'abord, parce que les glaces encombrent ces ré- gions deux mois par an, à cette époque précisé- ment (1); enfin, et surtout, parce que pour gagner la haute mer, l'océan Pacifique, les vaisseaux russes doivent passer par les détroits et sous les canons japonais.

Je vous ai raconté tout à l'heure comment, à la faveur des événements successifs qui se dérou- lèrent en Chine, la Russie se fit attribuer Port- Arthur, dont elle fit un port de guerre important.

Cette station navale, admirablement placée, est

(1) Mois de février.

libre de glaces et possède de magnifiques rades où les navires sont parfaitement abrités.

Elle obtint ensuite le droit de construire un tronçon ferré à travers la Mandchourie pour raccourcir le trajet sur Vladivostok.

Enfin, elle put relier Port-Arthur à ce chemin de fer transmandchourien, et à la suite de la dernière campagne de Chine en 1900, elle obtint le droit d'occuper par ses troupes toute la Mandchourie.

A la suite de toutes ces concessions, une armée d'occupation fut organisée.

Une flotte russe divisée en deux parties occupait les deux stations russes : Port-Arthur et Vladivostok.

Au commencement de 1904, les forces russes en Extrême-Orient étaient les suivantes : la Mandchourie et pays voisins, 150.000 hommes ; flotte au total : 7 cuirassés, 4 croiseurs, 2 canonnières, 60 torpilleurs.

(Vue n° 13 : *Alexeieff*.) L'amiral Alexeieff était à la tête de ces forces avec le titre de vice-roi.

Résumons maintenant la question afin de bien vous faire comprendre les causes du conflit :

Le Japon, resserré dans ses îles, aspire à réveiller les centaines de millions de jaunes et à jouer, en s'appuyant sur eux, un rôle prépondérant dans le monde.

Pour commencer, il voudrait s'attribuer le marché chinois afin d'y écouler les produits de ses usines et de ses manufactures.

L'établissement de la Russie dans le territoire

dont il voudrait faire le point de départ de son
expansion sur le sol asiatique, est la ruine du pro-
jet qu'il avait formé.

Pour lui, c'est désormais une question de vie ou
de mort.

De leur côté, les Russes voient leur politique
séculaire parvenir au succès par l'ouverture définitive à leurs flottes d'un port accessible en tout
temps.

Comme ils tiennent leur concession de la Chine,
c'est affaire entre eux et la cour de Pékin. Le
Japon, par conséquent, n'a rien à y voir.

Le droit est donc du côté des Russes.

Mais cela n'est pas l'avis du mikado.

En effet, dès 1902, le Japon souleva une foule
d'objections à l'occupation de la Mandchourie par
les Russes.

Selon lui, l'arrivée de la Russie dans cette
région leur donne la haute main sur la Corée, et
la plus menaçante supériorité sur les eaux japonaises.

(Vue n° 14 : L'empereur de Corée.) La Corée est
cette longue presqu'île située en face du Japon
Je vous ai dit qu'après la guerre sino-japonaise
de 1894, cet Etat fut reconnu indépendant et
neutre.

Vers le milieu de 1903, le Japon ouvrit des
négociations avec la Russie tendant à régler les
rapports des deux puissances vis-à-vis de la Corée
et de la Mandchourie.

Dès le début des pourparlers, la Russie tint à
exclure la Mandchourie des questions proposées,

arguant, avec raison, que tenant cette province de la Chine, cela ne regarde pas le Japon.

Elle examina attentivement les revendications japonaises à propos de la Corée en faisant remarquer que l'indépendance et l'intégrité de cet Etat ont été garanties par les traités conclus avec d'autres puissances et le Japon lui-même.

La réponse du tsar ne satisfit pas le Japon qui, dès ce moment déjà, se préparait à la guerre.

Le 13 janvier dernier, le mikado renouvela ses prétentions d'évacuation de la Mandchourie par les Russes.

Nicolas, animé du désir sincère de maintenir la paix, fit à cette nouvelle mise en demeure une réponse modérée susceptible de satisfaire les prétentions japonaises sur la Corée, tout en réservant toujours la question de la Mandchourie.

Malheureusement, la réponse russe transmise de Saint-Pétersbourg au vice-roi Alexeieff, à Port-Arthur, subit un retard qui exaspéra les Japonais.

(Vue n° 15 : *Le parti de la guerre japonais manifeste bruyamment dans les rues de Tokio.*) Poussé par le parti de la guerre qui manifestait bruyamment dans les rues de Tokio, le mikado rappela son ambassadeur et, contrairement aux règles et usages adoptés par les peuples civilisés, fit attaquer la flotte russe de nuit, et sans déclaration de guerre.

La Russie croyait réellement au maintien de la paix, aussi, elle n'avait pris aucune mesure militaire spéciale. Elle se trouvait donc, dès le début, dans une situation militaire très défavorable.

NOTA

Le conférencier fera maintenant le récit suc-. cinct des opérations militaires des armées oppo- sées et du siège de Port-Arthur.

Vues pouvant servir à l'illustration du début des hostilités :

Vue n° 16 : *Vue de Port-Arthur.*

Vue n° 17 : *Enthousiasme patriotique en Rus- sie.*

Vue n° 18 : *L'amiral Togo.*

Vue n° 19 : *Le sauvetage du « Pascal » à Che- mulpo.*

Vue n° 20 : *Entrée des Japonais à Séoul.*

Vue n° 21 : *L' « Ienissei » posant des torpilles.*

Vue n° 22 : *Mort héroïque du commandant de l' « Ienissei ».*

Vue n° 23 : *Le « Retvisan ».*

Vue n° 24 : *Les Japonais débarquent en Corée.*

Vue n° 25 : *Le passage sur le Baïkal en trat- neau.*

Vue n° 26 : *La ligne ferrée sur le lac.*

Vue n° 27 : *La surveillance de la ligne par les cosaques.*

Vue n° 28 : *Exécution de trois espions japo- nais.*

Vue n° 29 : *Un convoi en Mandchourie.*

Vue n° 30 : *Les chefs de l'armée russe.*

Vue n° 31 : *Un campement japonais sur le Yalou.*

Vue n° 32 : *Un poste de cosaques à la frontière;* etc., etc.

Terminer la causerie par des indications sur la neutralité de la France et celle de l'Angleterre, l'une alliée à la Russie, l'autre au Japon.

Montrer aussi la convoitise japonaise sur l'Indo-Chine et le Siam, et conclure en disant que la France doit se tenir sur ses gardes pour être prête à toute éventualité en Extrême-Orient.

ÉDUCATION MORALE
Sociale, Professionnelle

Procédés divers d'Éducation

LA SOLIDARITÉ HUMAINE

BUT MORAL. — *Mise à profit par l'éducateur militaire d'un incident de la vie journalière pour élever les sentiments du jeune soldat.*

LE PÉRIL VÉNÉRIEN

BUT MORAL. — *Mettre le jeune soldat en garde contre les dangers qui le guettent à la porte de la caserne.*

VISITE D'UNE EXPLOITATION AGRICOLE ET VITICOLE

BUT MORAL. — *Augmenter les connaissances professionnelles du jeune soldat; mettre en relief auprès de lui les idées de progrès.*

LA SOLIDARITÉ HUMAINE

FRATERNITÉ

*Comment l'éducateur militaire exploite un
événement, une situation, pour
contribuer à l'éducation morale de ses hommes.*

LA SITUATION. — Parmi les hommes du contingent de la dernière classe appelée, attribués à la compagnie, se trouve un jeune soldat dispensé, marié et père de famille.

Avant son incorporation, ce jeune homme était marchand ambulant des foires de la région.

Il disposait d'un petit capital constitué par une voiturette, attelée d'un âne, servant d'abri au ménage et transportant un assortiment de mercerie dont la vente faisait péniblement vivre la petite famille (père, mère, fillette de deux ans).

Le départ du mari pour le régiment a été un bien dur sacrifice ; que vont devenir la femme et l'enfant ?

L'officier, qui a questionné ses hommes à leur arrivée au corps, connaît cette intéressante situation et, souvent, vient en parler, pour se renseigner, auprès du père, bon soldat plein de cœur et de courage.

Pendant quatre ou cinq mois, la femme a continué à courir les foires, s'efforçant d'écouler sa marchandise, gagnant la vie de sa fillette et la sienne et envoyant même de temps en temps quelques sous à l'absent.

On espère se tirer de la dure épreuve, car l'année due à la Patrie sera vite écoulée.

(Vue n° 1 : *Le campement de nomades où vit la famille du soldat.*) Mais on a compté sans les mauvais jours, et un soir, à l'exercice, l'officier apprend que les ressources de la petite famille sont épuisées ; que la femme et l'enfant viennent d'arriver dénuées de tout. La voiture est échouée à l'entrée de la ville, au milieu d'un campement de nomades.

(Vue n° 2 : *Le soldat et sa fillette devant la voiture.*) Du petit magasin, il ne reste plus rien ; déjà on a dû se défaire d'une partie du patrimoine pour réaliser quelque argent : on a vendu les roues de la voiture !

L'officier va personnellement se rendre compte de la situation, et constate que c'est la misère noire. Il faut venir en aide à ces pauvres gens.

Dès son retour à la caserne, il renseigne le capitaine qui, lui-même, est au courant de la situation particulière de chacun des hommes placés sous ses ordres, et tous deux recherchent sur-le-champ les moyens de secourir l'intéressant ménage.

Mais ils veulent aussi profiter de la circonstance pour élever les sentiments de leurs soldats en les faisant concourir à un acte de solidarité humaine.

LA QUESTION MORALE. — Le capitaine réunit la compagnie et la met au courant de la situation. La compagnie est la véritable famille militaire ; cette famille doit venir en aide à un de ses membres momentanément dans le besoin : le soldat malheureux est un frère, il faut lui tendre la main.

Plusieurs moyens sont à la disposition des membres de la famille militaire pour secourir l'ami affligé : 1° assurer la subsistance de la femme et de l'enfant ; 2° leur verser une somme d'argent ; 3° donner à la femme les moyens de travailler et de gagner leur vie.

Le premier et le second moyen constituent la charité pure et simple ; ils encouragent la paresse et peuvent aussi blesser l'amour-propre de la femme valide et prête à travailler.

Le troisième moyen, c'est l'assistance par le travail. Il supprime les inconvénients des deux premiers. On emploiera ce dernier procédé.

Le capitaine fait appel à la fraternité de tous ; il expose la nécessité de la solidarité, non seulement entre les membres d'une même famille, mais encore entre tous les hommes, de la solidarité humaine.

Une liste de souscription va être ouverte, chacun donnera ce qu'il pourra, ce qu'il voudra ; avec

le montant on réapprovisionnera le petit magasin
da mercerie, et la femme du camarade pourra, de
nouveau, gagner sa vie et celle de sa fillette, honnêtement, en travaillant. (Vue n° 3 : *La femme et
la fillette du soldat revenant de colporter sa marchandise.)*

La souscription à laquelle tout le monde (officiers, gradés et soldats) a participé, close trois
jours après la réunion, a produit près de 25 francs.

Une commande a été faite à un fournisseur en
gros de Paris, et l'envoi, remis au soldat, qui,
tout ému, a remercié ses amis, ses chefs, son capitaine. Sa femme a maintenant le pain assuré
jusqu'au retour au foyer de son compagnon de
lutte.

Tous les soldats ont coopéré à une bonne action, leurs cœurs en garderont le souvenir ; ils se
rappelleront que dans la vie les hommes sont
solidaires les uns des autres, que chacun doit
toujours être prêt à fournir aux autres hommes
le concours qu'ils peuvent lui réclamer, de même
qu'il doit être sûr de le trouver auprès d'eux,
lorsqu'à son tour il en aura besoin.

Les officiers ont profité aussi de la circonstance
pour montrer à leurs hommes la nécessité de la
prévoyance dans les jours heureux, et leur parler
de la mutualité qui est : *humanité, fraternité,
solidarité, sécurité.*

ÉDUCATION SOCIALE

LE PÉRIL VÉNÉRIEN

Conférence avec projections lumineuses

Illustrations de la Société de prophylaxie sanitaire et
morale, 21, rue du Paradis, Paris.

> « *Le plus souvent on l'attrape (la syphilis ou*
> » *la vérole), parce qu'on ne sait pas, et on*
> » *la communique aux autres parce qu'on*
> » *ne sait pas.* »
>
> (BRIEUX, *Les Avariés.*)

En abordant ce sujet auprès de ses hommes,
l'auteur de cette causerie illustrée a été *uniquement* guidé par *l'intérêt moral et social de premier ordre* que comporte la lutte actuellement
engagée contre le *péril vénérien*, qui, avec l'alcoolisme et la tuberculose, décime et atrophie journellement la race.

Il n'a fait, du reste, que suivre dans cette tâche
la voie ouverte à tous les éducateurs par les programmes récemment introduits dans l'enseignement secondaire (instruction publique), dans les

écoles militaires et à l'Ecole supérieure de guerre (armée).

Malgré l'indiscutable nécessité de cette lutte à laquelle sont conviés tous les éléments diri‧ geants du pays, cette question, en regard du côté moral et social, comporte une face que l'on peut appeler *immorale* dont il faut tenir compte et qui lui donne, à juste titre, un caractère obscène, répugnant.

L'auteur prie donc, il adjure même, ses chefs hiérarchiques, tous ses lecteurs, de ne voir dans cette conférence illustrée que le côté moral et social.

Les maîtres de la jeunesse française, instituteurs, professeurs, s'adressant à des enfants, peuvent difficilement, en raison du caractère spécial de ce sujet, mettre en garde leurs élèves contre ce danger qui les guettera peut-être un jour et leur exposer le péril que le syphilitique fait courir à la famille et à la société.

Aussi nous estimons que ce devoir incombe à l'officier. Les jeunes gens que la Patrie lui confie ont atteint l'âge auquel, avec un peu de tact, on peut aborder cette question sans choquer les sentiments de personne et sans que l'autorité morale du chef en subisse le moindre accroc.

L'officier n'est-il pas, selon l'expression de M. George Duruy, le frère aîné de ses soldats ?

Or, prévenir, conseiller, faire soigner, s'il le faut, l'insouciante et téméraire jeunesse, et cela sans lui retirer l'affection, la confiance, l'estime, c'est faire acte de fraternité, c'est accomplir ce devoir d'aînesse attribué à l'officier éducateur national.

Mes chers amis,

Le titre de ma conférence vous indique dès maintenant de quel sujet d'hygiène je vais vous entretenir ce soir.

J'engage donc ceux que ma causerie pourrait choquer à s'éloigner.

Quant à ceux qui veulent bien m'écouter, je les prie de ne voir dans ma conférence que l'accomplissement de mon devoir d'éducateur et de frère aîné, consistant à mettre leur jeunesse en garde contre tous les dangers qui la guettent à la porte de la caserne.

Je me servirai, du reste, dans ce but, du texte du docteur Tellier, inséré dans un petit livre intitulé : *La Santé du Soldat*, que le ministre a recommandé à tous les régiments par une circulaire du mois de février 1903.

On entend par maladies vénériennes (1) les affections qui se contractent à l'occasion des relations sexuelles; c'est à tort qu'on les considère comme des maladies honteuses, ce sont des maladies comme les autres et il n'y a jamais de honte à être malade.

Elles sont toutes graves, car elles peuvent rendre l'homme infirme; elles facilitent le développe-

(1) Texte du docteur Tellier, reproduit avec l'autorisation de l'auteur.

ment des autres maladies, enfin elles constituent le plus souvent un obstacle à la fondation d'une famille, parce qu'elles restent contagieuses pendant plusieurs années et peuvent se transmettre à la femme et aux enfants.

Il importe donc de les éviter.

Les maladies vénériennes sont au nombre de trois principales :

La blennorrhagie ou chaude-pisse.

Le chancre mou ou chancrelle.

La syphilis ou vérole.

Ce sont là trois affections différentes; il existe un virus particulier à chacune d'elles.

La blennorrhagie. — La blennorrhagie ou chaude-pisse est une maladie contagieuse ayant son siège, dans le canal de l'urèthre et causée par un microbe spécial.

On la contracte toujours à l'occasion de rapports sexuels avec une personne l'ayant elle-même; contrairement à ce que l'on croyait autrefois, une femme ne peut pas donner la chaude-pisse sans l'avoir.

Les deux grandes lignes qui caractérisent la blennorrhagie sont :

1° La douleur en urinant.

2° L'écoulement de pus par le canal de l'urèthre, c'est-à-dire le canal par lequel s'écoule l'urine.

Ces symptômes se manifestent d'une façon progressive et seulement quelques jours après les rapports suspects.

Pendant les trois ou quatre premiers jours on

ne remarque rien d'anormal du côté des organes génitaux : c'est la période d'incubation. Vers le quatrième ou cinquième jour, le malade commence à ressentir une espèce de chatouillement dans la partie antérieure du canal, les lèvres de l'orifice deviennent rouges et enflammées. Par la pression on en fait sortir une goutte d'un liquide blanc grisâtre. Puis le malade éprouve en urinant des douleurs de plus en plus fortes. (Sensation de pisser des lames de rasoir.)

L'écoulement devient plus épais, plus abondant et tache le linge en jaune (1) ; la chaude-pisse est constituée.

Tout homme qui, quelques jours après avoir eu des rapports avec une femme éprouve de la douleur en urinant et constate l'écoulement de pus dont je viens de parler doit se considérer comme atteint de la chaude-pisse et se présenter sans retard à la visite du médecin-major pour se faire soigner.

Certains soldats tenant à ce que l'affection dont ils sont atteints reste cachée continuent à faire leur service et se soignent eux-mêmes — quand ils se soignent — d'après les conseils de camarades ou de personnes le plus souvent inexpérimentées.

C'est là une grande imprudence. En effet, une blennorhagie abandonnée à elle-même ou mal soignée peut devenir très grave ; loin de rester

(1) C'est pourquoi il faut se méfier de toute femme dont le linge est taché.

localisée au canal de l'urèthre, l'affection s'attaque à d'autres organes (testicules, vessie, yeux, articulations) et peut y déterminer des accidents redoutables.

L'orchite blennorrhagique, c'est-à-dire l'inflammation do l'un ou des deux testicules est la plus fréquente des complications de la chaude-pisse. Outre que cette affection est très douloureuse, elle peut entraîner, quand elle est double, l'impuissance ; en d'autres termes l'homme qui en est atteint peut perdre la faculté de se reproduire.

La cystite, inflammation de la vessie ; la prostatite, inflammation de la prostate ; les abcès de la verge, l'adénite, sont également des complications fréquentes.

Quand la chaude-pisse attaque les yeux, elle y détermine une inflammation de la plus haute gravité, l'ophtalmie blennorrhagique, qui se termine souvent par la perte de l'œil (sur 19 yeux atteints d'ophtalmie blennorrhagique, 12 de perdus).

Les hommes atteints de chaude-pisse doivent donc éviter, de la façon la plus absolue, de porter leurs mains à leurs yeux après s'être touché la verge.

La chaude-pisse peut également déterminer des rhumatismes articulaires dans toutes les jointures ; ces rhumatismes, toujours lents à guérir, sont fréquemment suivis d'atrophie musculaire, d'ankylose, d'arthrites chroniques et même de tumeurs blanches.

Enfin, une blennorrhagie négligée ou mal soi-

gnée passe le plus souvent à l'état chronique (blennorrhée), c'est-à-dire qu'il persiste après l'état
aigu un écoulement peu abondant se montrant
surtout le matin (goutte militaire).

La blennorrhée, dont la guérison est extrêmement longue, est une cause fréquente de rétré-
cissements de l'urèthre, complication très sérieuse
à cause des accidents redoutables qu'elle peut
occasionner.

La chaude-pisse n'est donc pas une maladie insignifiante, un léger accident sans gravité. Relati-
vement bénigne quand elle est bien soignée, elle
peut causer, quand elle est négligée ou mal soignée, des accidents très sérieux et des infirmités
souvent incurables.

Le chancre mou. — Le chancre mou est une
affection contagieuse spécifique se contractant
d'ordinaire à l'occasion des rapports sexuels et
siégeant presque exclusivement sur les organes
génitaux ou dans leur voisinage.

Le chancre mou apparaît dans les premiers
jours qui suivent le coït suspect (deux à huit
jours); il débute soit par un bouton, soit par une
petite ulcération qui s'étend peu à peu jusqu'à ce
qu'elle atteigne les dimensions d'une pièce de
50 centimes environ.

Cette ulcération, le plus souvent incolore, est
de forme arrondie ; ses bords sont taillés à pic,
déchiquetés, décollés, le fond est de couleur grisâtre et sécrète une matière purulente très contagieuse qui, en s'écoulant dans le voisinage du

chancre en fait pousser d'autres ; c'est pourquoi les chancres mous sont ordinairement multiples.

Le chancre mou se complique souvent d'une adénite inguinale, c'est-à-dire que sous son influence apparaît dans l'aine un gros ganglion (une grosse glande) enflammé. Quand cette adénite suppure elle prend le nom de *bubon*.

D'autres fois, l'ulcération au lieu de rester limitée aux dimensions d'une pièce de 50 centimes s'étend peu à peu et ronge de grandes surfaces de peau ; c'est le chancre phagédénique (c'est-à-dire dévorant).

Mais le plus souvent, quand l'affection est bien soignée dès le début, l'ulcération se cicatrise en peu de temps et le malade est guéri sans avoir à redouter d'autres accidents, car le chancre mou est une maladie locale restant limitée à la région atteinte et n'empoisonnant pas tout l'organisme, contrairement au chancre *induré*, qui est le premier accident de la vérole.

La syphilis (vérole). — On classe la syphilis parmi les maladies vénériennes parce qu'elle se contracte surtout à l'occasion des rapports sexuels, mais ce mode de contagion n'est pas le seul.

C'est ainsi qu'on peut facilement prendre la vérole en faisant usage de vêtements ou objets ayant servi à une personne syphilitique. Les draps de lit, chemises, pantalons, chaussures, verres à boire, cuillères, rasoirs, blaireaux et autres objets de toilette, les pipes, les instruments de musique, etc., sont de fréquents agents de contamination.

La vérole se contracte également par hérédité, les parents syphilitiques ayant le triste privilège de transmettre la maladie à leurs enfants.

Au même titre que la tuberculose et l'alcoolisme, la syphilis est un véritable fléau social et c'est une des causes les plus importantes de la dépopulation.

En effet, elle réduit considérablement les naissances et cause la mort d'une grande quantité de nouveau-nés. Par le nombre incalculable d'infirmités incurables qu'elle engendre, elle abâtardit la race.

Extrêmement fréquente dans toutes les classes de la société, la syphilis ne fait que s'accroître de jour en jour. Elle a pris des proportions tellement effroyables qu'il vient de se fonder, sous l'inspiration de M. le professeur Fournier, membre de l'Académie de médecine, une ligue (1) dont le but est d'enrayer par tous les moyens possibles les progrès de cette triste maladie.

Des statistiques établissent que sur cent hommes adultes, quinze sont syphilitiques, 15 % !

La syphilis est une maladie générale constitutionnelle, c'est-à-dire qu'elle attaque, qu'elle empoisonne l'organisme tout entier.

Elle est, très probablement, d'origine microbienne, mais le microbe qui l'engendre n'est pas encore connu.

Voici quelles sont ses principales manifestations :

_____

(1) Ligue de préservation sanitaire et morale.

7··

La vérole commence toujours par un chancre (induré, infectant, syphilitique) bien différent du chancre mou, accident purement local.

Le chancre syphilitique peut siéger sur toutes les parties du corps, mais on le rencontre surtout aux organes génitaux et à la bouche. Il est le plus souvent unique et apparaît de quinze à trente jours après le contact suspect (le chancre mou paraît du deuxième au huitième jour).

Le chancre syphilitique peut avoir la forme d'un bouton ulcéré ou d'une simple érosion en coup d'ongle(1). Il est bien moins profond que le chancre mou, ses bords ne sont pas décollés et il ne suppure pas. Sa base, pressée entre le pouce et l'index, est résistante, d'où le nom de chancre induré ; il est toujours accompagné d'un chapelet de glandes engorgées dures et roulant sous le doigt.

Un ou deux mois après l'apparition du chancre commence la série des accidents secondaires de la syphilis.

Ce sont l'abord des accès de fièvre, des maux de tête très violents surtout la nuit ; une anémie souvent très prononcée. Apparaissent ensuite la *roséole*, éruption de taches rougeâtres sur la poitrine, le dos, etc. ; les *plaques muqueuses*, érosions circulaires extrêmement contagieuses siégeant dans la bouche, à la verge, à l'anus, etc. ;

---

(1) Tout homme qui après avoir vu une femme se trouve porteur d'un bouton ou même d'une simple écorchure lui paraissant suspecte doit consulter le médecin de service.

puis des éruptions pouvant revêtir toutes les formes : taches, boutons, pustules, croûtes et pouvant siéger sur tout le corps. Les yeux sont souvent atteints d'iritis ; l'orchite syphilitique (inflammation des testicules) est fréquente.

La vérole mal soignée ou négligée aboutit presque fatalement aux *accidents tertiaires*, lésions
toujours graves, pouvant atteindre tous nos tissus,
tous nos organes : ulcères de la peau et des muqueuses, carie des os, effondrement du nez, perfo-
ration du voile du palais, production de tumeurs
dans les os, dans le cerveau, dans les testicules.

La syphilis ne respecte aucun organe ; elle cause
des troubles très graves dans le larynx, les yeux,
les poumons, le cœur, les artères, le foie, les reins,
les intestins, etc. ; elle désorganise le cerveau,
la moelle épinière, les nerfs, et engendre, par
suite, les paralysies, l'épilepsie, l'ataxie, la
cécité, etc.

La syphilis est surtout contagieuse par le chancre
et les plaques muqueuses ; ces dernières peuvent
persister, en dépit du traitement, pendant plusieurs années.

Pendant toute cette période, le syphilitique est
dangereux, non seulement pour son entourage,
mais pour sa descendance.

Les enfants conçus pendant la période aiguë
de la maladie meurent le plus souvent avant
terme ou ne font que des avortons dégénérés.

Toute personne atteinte de syphilis ne doit pas
se marier avant d'avoir suivi un traitement de
trois ou quatre ans.

Ceux qui ne se conforment pas à ce principe commettent un véritable crime, car ils s'exposent à infecter leur femme d'abord, leurs enfants ensuite.

« Nous connaissons le type de l'enfant syphilitique, dit M. Brieux *(les Avariés)*. Ce type est classique et les médecins les désignent entre tous, ces petits vieux qui ont l'air d'avoir déjà vécu et d'avoir gardé le stigmate de toutes nos infirmités, de toutes nos déchéances. Parmi les rachitiques, parmi les petits corps surmontés de têtes trop grosses qu'ils ne peuvent soutenir, parmi les bossus, les difformes, les monstres, les pieds-bots, les becs-de-lièvre, les boiteux par luxation congénitale de la hanche, un grand nombre sont des victimes de pères qui se sont mariés en ignorant ce que vous savez maintenant et que je voudrais pouvoir aller crier sur les places publiques ! ! »

La syphilis est donc une maladie grave ; grave pour l'individu, pour la société, pour la race. C'est un devoir de chercher à l'éviter.

MOYENS D'ÉVITER LES MALADIES VÉNÉRIENNES

Nous ne saurions mieux faire que de reproduire ici la circulaire de M. le médecin inspecteur Chauvel, du 27 décembre 1900.

Conseils aux jeunes soldats

« *1° Conseils pour ne pas prendre les maladies vénériennes.* — Les femmes qui se livrent à la prostitution clandestine sont beaucoup plus dangereuses que les femmes en carte et que les femmes des maisons publiques. Sur cent femmes adonnées à la prostitution clandestine, cinquante, au minimum, sont atteintes de maladies contagieuses.

» Les toutes jeunes femmes de quinze à vingt ans sont particulièrement dangereuses. Les servantes de brasserie, les habituées de café, des hôtels interlopes, des bals publics, doivent toujours être considérées comme suspectes.

» Se méfier des femmes qui rôdent autour des casernes et qui évitent de faire connaître leur domicile, afin de dépister les recherches de la police ; considérer comme malade toute femme qui présente la plus petite tache, le plus petit bouton sur la peau, qui a des gerçures aux lèvres, qui a du mal à la gorge ou qui est enrouée, qui a des glandes dans l'aine ou au cou, dont les cheveux tombent, dont le linge est taché.

» Fuir toute femme malpropre sur elle et autour d'elle.

» 2° *Conseils à ceux qui vont s'exposer ou se sont exposés.* — Ne pas uriner AVANT, mais uriner le plus tôt possible après. AVANT, s'enduire d'un corps gras (vaseline boriquée) (1). APRÈS, se laver

_____

(1) Le colonel Bruneau, commandant le 2ᵉ étranger, a, depuis longtemps déjà, l'habitude de donner à ses hommes les mêmes conseils.

« MM. les commandants de compagnie, dit-il, dans un de ses rapports, expliqueront ou feront expliquer à leurs hommes qu'il y a un moyen bien simple de ne pas être contaminé.

» Lorsqu'ils ont l'intention d'avoir des rapports avec une

soigneusement dans une cuvette remplie aux trois quarts d'eau. Un savonnage prolongé est très efficace si le doigt explore bien tous les coins et n'oublie aucun repli.

» Ne jamais se servir des serviettes de sa compagne.

» Les préservatifs en baudruche offrent une sérieuse garantie.

» *3° Conseils aux malades.* — Contracter une maladie vénérienne n'est pas une faute, mais un malheur qu'il faut chercher à réparer le plus tôt possible.

» Donc tout homme atteint d'une lésion quelconque, même si elle paraît insignifiante, doit se présenter sans tarder à la visite médicale. Attendre ne servirait qu'à aggraver le mal et à retarder la guérison. Il est du devoir des gradés de conduire d'office à la visite médicale les hommes qu'ils savent malades.

» Le traitement des vénériens à l'infirmerie ou à l'hôpital a pour but :

» 1° De leur assurer un traitement régulier et méthodique ;

femme, ils n'ont qu'à faire une onction sur la verge avec un corps gras quelconque : graisse, huile, etc., particulièrement sur le prépuce et le gland, en en faisant pénétrer une petite quantité dans le méat urinaire.

» En ajoutant à cette préparation celle de pisser le plus tôt possible après l'acte, il y a pour ainsi dire sécurité complète. »

Pendant les quatre années qu'il a commandé le 59e, le colonel Bruneau a fait descendre par ces moyens la proportion des vénériens de 60 pour mille à 3 pour mille, ce qui est un résultat probant.

» 2° De leur éviter toute fatigue ;

» 3° De diminuer le danger des complications et d'abréger la durée de la maladie ;

» 4° De les mettre dans l'impossibilité de devenir des agents de contamination.

» On ne saurait trop recommander aux hommes de ne pas écouter les racontars des chambrées, de n'accorder aucune créance aux réclames trompeuses qui remplissent la quatrième page des journaux ou qui tapissent les urinoirs publics, de ne jamais s'adresser aux industriels ou soi-disant spécialistes qui les exploitent sans les guérir.

» L'intérêt du malade est de s'adresser au médecin qui fait le service de la caserne ; lui seul peut lui procurer repos, soins, conseils pour le présent et pour l'avenir. »

J'ai terminé, mes amis, ma petite causerie, constituée surtout par les indications précieuses du livre du docteur Tellier que je voudrais voir entre les mains de vous tous, car il ne traite pas que des maladies vénériennes, mais de toute l'hygiène : propreté, vêtements, habitation, alimentation, boissons, alcoolisme, tabac, etc.

Vous êtes maintenant fixés sur le grand danger que vous courez lorsque vous fréquentez le cabaret à filles publiques, ou que vous vous laissez « raccrocher », suivant votre expression, dans la rue.

Soyez donc très circonspects dans vos relations avec la femme.

A défaut d'une continence absolue qui serait le

meilleur moyen de rester indemne, mais qui est bien difficile à observer, n'est-ce pas ? je vous conseillerai simplement la plus grande prudence.

Mais si, un jour, vous vous croyez pincés, eh bien ! n'hésitez pas à venir confier votre secret à votre lieutenant.

Il vous conduira discrètement auprès du médecin, à l'infirmerie, où vous serez bien soignés, sans que votre honneur soit entaché en quoi que ce soit et sans avoir perdu l'estime et la confiance de vos chefs et de vos amis.

Visite d'une Exploitation Agricole
ET VITICOLE

COMPTE RENDU (1)

A trois kilomètres environ de la garnison existe une exploitation agricole où les progrès scientifiques de la culture intensive reçoivent une application raisonnée.

La même propriété comprend en outre un beau vignoble traité méthodiquement.

Après s'être entendu avec le propriétaire directeur du domaine et avoir obtenu l'autorisation de son chef de corps, l'officier conduit à cette propriété ceux de ses hommes, cultivateurs ou vignerons, qui peuvent tirer profit d'une leçon de choses donnée sur les lieux.

(Vue n° 1 : *Arrivée du détachement à la propriété.*) Le directeur de l'exploitation reçoit fort aimablement ses visiteurs au nombre d'une centaine, et se met à leur entière disposition pour leur fournir les explications techniques qu'ils voudront bien lui demander.

On va d'abord visiter la ferme proprement dite.

(1) Durant l'hiver il a été fait un petit cours théorique d'agriculture; ce cours a été complété, l'été, par des visites dans divers établissements agricoles et viticoles.

8

On y examinera les machines agricoles les plus nouvelles et les plus perfectionnées.

On y remarquera l'organisation intérieure des écuries et des étables.

On ira ensuite faire une promenade dans les cultures et dans le vignoble.

MACHINES AGRICOLES. — Voici d'abord les instruments de labour, le premier et le plus important des travaux agricoles. Le directeur présente les divers types de charrue et en fait la nomenclature raisonnée.

(Vue n° 2 : *Les soldats en présence de la charrue Brabant double.*) Il signale tout particulièrement les avantages de la charrue Brabant double qui offre la régularité du travail jointe à l'économie de temps.

Successivement sont ensuite examinés les extirpateurs, scarificateurs, herses, rouleaux qui terminent la préparation du terrain pour recevoir la semence.

(Vue n° 3 : *Le semoir mécanique.*) Voici maintenant le semoir mécanique ; il a l'avantage de fournir une répartition plus régulière de la graine qui est déposée à une profondeur égale dans le sol ; il permet en outre de réaliser une très grosse économie de semence.

Viennent ensuite les outils de nettoyage et d'entretien, binage, sarclage, buttage (houes et buttoirs divers).

(Vue n° 4 : *La moissonneuse-lieuse.*) Enfin voici les instruments de récolte, faucheuses, faneuses,

moissonneuses. La moissonneuse-lieuse est l'objet
d'un examen tout spécial, le propriétaire se faisant
un plaisir d'en expliquer le fonctionnement aux
visiteurs, vivement intéressés.

On va maintenant circuler dans les écuries et
les étables.

Le directeur de l'exploitation attire l'attention
sur l'installation des râteliers pour l'économie de
la nourriture ; sur la nécessité d'une bonne alimentation du bétail et d'une bonne litière si l'on
veut avoir de bon fumier.

Enfin et surtout sur la canalisation de l'urine
des animaux vers la fosse à purin auprès de laquelle tout le monde se rassemble.

Le propriétaire explique que la fabrication de
bon fumier est la condition essentielle de réussite
dans toute exploitation agricole.

(Vue n° 5 : *La fosse à purin.)* Toute fosse à purin
bien comprise doit être étanche et munie d'une
pompe pour arroser le fumier avec le purin soigneusement recueilli.

LES CULTURES. — Les visiteurs parcourent ensuite le domaine agricole. On examine d'abord les
plantes-racines, betteraves, carottes, etc.; puis les
céréales, blés, seigles, avoines, etc.

Le directeur profite d'une occasion qui se présente à lui pour expliquer l'emploi raisonné de
l'engrais chimique, véritable médicament de la
terre qu'il faut appliquer à bon escient.

Il expose notamment l'erreur qu'il a lui-même
commise par inadvertance en n'employant pas

l'engrais qui convenait à la terre ; il en démontre
les conséquences en faisant comparer la réoolte du
champ considéré avec celle du champ voisin qui
a reçu un engrais convenable.

Il conclut en engageant ses auditeurs à faire
toujours analyser leurs terres avant d'y répandre
un engrais, afin de savoir si cet engrais convient
au sol.

LE VIGNOBLE. — Enfin on va parcourir la partie
vignoble dans laquelle les derniers progrès réalisés dans la lutte contre les maladies de la vigne
sont appliqués.

Le directeur explique la nécessité du sulfatage
et expose les conditions de son application pour
obtenir de bons résultats.

On examine successivement les divers plants
américains greffés et on compare leurs fruits.

(Vue n° 6 : *Dégustation des produits du vignoble.*) On va du reste goûter aux produits de la
vigne que l'on vient de parcourir. En effet, pendant la visite du domaine, une table est préparée
à la ferme où les visiteurs vont pouvoir apprécier la récolte dernière du généreux propriétaire : .
chaque visiteur reçoit ainsi un grand verre de vin.

Pendant que les hommes se rafraîchissent, le
propriétaire, sur la demande que lui en fait l'officier, veut bien compléter les renseignements techniques déjà donnés par une causerie sur le crédit
agricole dont il est un des organisateurs dans l'arrondissement.

Après avoir expliqué le fonctionnement de cette

précieuse institution destinée à venir en aide aux petits agriculteurs, il s'efforce de faire comprendre à ses auditeurs l'erreur commise encore journellement par un grand nombre de cultivateurs qui, sous le prétexte d'un amour-propre ridicule, n'osent pas emprunter à la Caisse du crédit agricole.

« Le crédit doit produire sa bienfaisante action dans l'agriculture comme dans le commerce et l'industrie. »

La visite est terminée, les rangs se reforment pour rentrer à la caserne.

Avant de partir, l'officier, au nom de son chef de corps, remercie le directeur de l'exploitation pour l'accueil si chaleureux, les explications techniques si complètes, en un mot pour la réception si généreuse qu'il a bien voulu offrir à ses visiteurs.

« Inutile de me remercier, répond-il, ici c'est la France qui travaille ; vous, vous êtes la France qui veille, prête à nous défendre.

» C'est sous votre garde, sous votre protection que nous progressons, que nous rendons le pays plus riche, plus prospère.

» Ces deux Frances doivent s'aimer et s'unir pour la grandeur et la puissance de la Patrie.

» Voilà pourquoi j'ai été heureux de vous recevoir, voilà pourquoi vous me trouverez toujours à votre entière disposition lorsque vous voudrez bien me faire de nouveau l'honneur de m'amener les enfants que le pays vous confie annuellement pour en faire de bons citoyens, de bons Français ! »

RENSEIGNEMENTS

POUR

*l'organisation de conférences ou de causeries
dans l'intérieur de la Compagnie*

S'inspirer des ouvrages suivants :

*Du rôle social de l'Officier dans le service mili-
taire universel*, LYAUTEY (Revue des Deux-Mondes).

*Conférences faites à Saint-Cyr sur le rôle social
de l'Officier*, EBENER.

L'Officier éducateur, conférences faites à l'Ecole
polytechnique, DURUY (Chapelot).

Citoyen et Soldat, DEMONGEOT (Flammarion).

L'Officier dans la nation, comt COSTE (Lavauzelle).

Se procurer les ouvrages suivants :

La Santé du Soldat. Dr TELLIER (Lavauzelle).

Les volumes de sciences physiques et naturelles;
» d'éducation morale et civique, en usage
dans les écoles publiques.

Un guide pour le projectionniste : *Les Projections
lumineuses*, de LEBLANC (chez Cornély).

La Législation du travail, conférences faites à
l'Ecole polytechnique, par E. FOURNIÈRE (Lavauzelle).

Principes d'économie politique, de Ch. GIDE (La-
roze, rue Soufflot).

Pour l'armée républicaine, ††† (Cornély, 101, rue
de Vaugirard).

Les Guerres de la Révolution, Camille PELLETAN
(Armand Colin),

S'abonner au journal *l'Armée républicaine* (16, r. Condé)
» » *Après l'Ecole* (Cornély, 101, rue de Vaugirard).

Se mettre en relations :

Avec les instituteurs et professeurs de la garnison.

Avec la Société des conférences populaires, 13, place de la Bourse.

Avec la Ligue de l'enseignement, 16, rue Miroménil.

Avec le Musée social, rue Las-Cazes.

Avec la Société de propagande coloniale, 21, rue Condorcet.

Avec la Société de prophylaxie sanitaire et morale, 21, rue de Paradis.

Avec les personnes s'occupant de Mutualité.

La Maison Mazo, 8, boulevard Magenta, Paris, vend ou loue toutes les vues illustrant les textes de causeries ou de conférences insérées dans cet ouvrage, à l'exception toutefois des vues mentionnées dans les conférences sur « les Soldats de Guillaume II » et « le Péril jaune ».

TABLE DES MATIÈRES

10131 — Bordeaux. — Imp. F. Pech et Cie, 7, rue de la Merci.

www.ingramcontent.com/pod-product-compliance
Lightning Source LLC
Chambersburg PA
CBHW061008280326
41935CB00009B/878